디지털 시대의

그림책 제작과 활용

-전통문화와 첨단기술의 융합-

한유미 · 김민재 · 김윤희 · 김정연 · 민혜홍
심혜진 · 오숙자 · 조미경 · 최예숙 · 허선화 공저

학지사

머리말

전래동화는 오랜 세월 동안 구전으로 전해 내려온 이야기입니다. 주로 조상들이 아이들에게 말로 전해 주며 전달된 이 이야기 속에는 지혜와 교훈, 문화와 역사가 담겨 있습니다. 전래동화는 아이들에게 단순한 재미를 넘어서, 삶의 중요한 가치와 교훈을 전달하는 역할을 합니다. 주인공들은 용기, 지혜, 인내, 정직, 배려, 협력 등 중요한 덕목을 보여 줌으로써 아동의 인성 형성에 기여합니다.

디지털 시대에 들어서면서, 전래동화를 새로운 방식으로 표현하고 보존할 수 있게 되었습니다. 전통문화와 첨단기술이 융합된 디지털 그림책은 단순한 읽기 자료를 넘어, 생동감 있고 몰입감 있는 경험을 제공하며, 독자와의 상호작용을 강화합니다. 따라서 디지털 시대의 교사는 학습 효과를 높이기 위해 아이들의 수준과 필요에 맞춘 디지털 그림책을 제작하고 교육에 활용할 필요가 있습니다.

이러한 필요성에 의해 『디지털 시대의 그림책 제작과 활용: 전통문화와 첨단기술의 융합』이 호서대학교 디지털과 영유아교육연구소 총서 5로 기획, 집필되었습니다. 이 책의 제1부에서는 디지털 그림책의 탄생 배경과 역사적 흐름(제1장, 한유미). 디지털 그림책의 특성과 미래 전망(제2장, 한유미), 기본적인 제작 과정과 핵심 기술(제3장, 한유미) 등을 다루어 디지털 그림책의 이론적 이해를 돕습니다. 제2부에서는 스톱모션 기법(제4장, 조미경), 생성형 AI(제5장, 김윤희), AI 드로잉 도구(제6장, 민혜홍), 프레젠테이션 도구(제7장, 김정연), 디자인 도구(제8장, 최예숙), 메타버스(제9장, 김민재), 코딩(제10장, 오숙자), 증강 현실(AR)(제11장, 허선화), 게임(제12장, 심혜진) 등 다양한 기술을 활용한 디지털 그림책 제작 실제를 상세히 소개합니다.

이 책은 LINC 사업단의 지원으로 이루어진 산학연계형 캡스톤 디자인 교과목(언어지도)의 모범사례라 할 수 있습니다. 먼저 수업 시간 동안 학생들은 조별로 전래동화를 선정하고, 각기 다른 유형의 디지털 그림책으로 개발하였습니다. 멘토 원장들은 개발과정에 지속적인 피드백을 제공하고, 시뮬레이션을 통해 디지털 그림책 제작 단계를 체계화하고, 각 디지털 그림책의 유래와 역사, 유형, 장단점, 전래동화의 유래, 교훈 및 교육적 효과, 확장 활동과 디지털 활용 방안 등을 집필했습니다. 열 명의 저자는 매주 퇴근 후 모여 밤샘 작업과 토의를 통해 일관성을 유지하고 원고의 질을 높이고자 하였습니다. 이렇게 만들어진 이 책은 겨울밤 어둠 속에서도 꺼지지 않는 열정과 협력의 결과물입니다.

이 책은 실제 교육현장에서 활용될 수 있도록 기획된 실용서로, 아동문학이나 디지털 관련 교양과목의 교재, 교사연수 자료, 가정학습 자료, 도서관 프로그램 등으로 활용될 수 있을 것입니다. 출판을 허락해 주신 학지사의 김진환 사장님과 디지털 영유아교육의 비전을 제시해 주신 호서대학교 이종원 부총장님께 감사드립니다. 이 책이 그림책 제작자와 디지털 콘텐츠 개발자들에게 실질적인 지침과 영감을 제공하여 전통과 혁신의 조화를 이룬 질 높은 디지털 그림책이 개발되기를 기대합니다.

2024년 12월
저자 일동

차례

제1부

디지털 그림책의 이해

제1장

디지털 그림책의 탄생

1 … 디지털 시대와 그림책

1) 디지털 시대의 책 읽기

디지털 시대의 도래와 함께 정보와 지식의 접근 방식이 급격히 변화하고 있다. 이러한 변화는 아동교육 분야도 예외가 아니다. 최근 몇 년 동안 디지털 그림책의 인기가 상승하면서 그림책은 전통적인 종이 매체에서 스마트폰과 태블릿과 같은 디지털 단말기로 빠르게 옮겨 가고 있다. 디지털 그림책으로의 전환은 아동의 독서 습관과 학습 방식에 큰 영향을 미칠 수 있다. 따라서 부모나 교사는 이러한 변화를 이해하고 긍정적으로 활용하는 방안을 모색할 필요가 있다.

2010년 이후에 출생한 세대를 흔히 '알파 세대'(Generation Alpha)라고 부른다. 알파 세대는 기술에 능숙하며 디지털을 선호하는 부모에게서 자라났다. 이전의 'MZ 세대'(Millennials & Generation Z)가 아동기나 청소년기에 인터넷과 소셜 미디어의 등장을 목격했다면, 알파 세대는 태어날 때부터 인공지능(AI)과 로봇 등 기술의 발전을 경험하고 글자를 배우기 전부터 클릭하기나 화면 넘기기를 먼저 시작한 기술친화적 세대이다. 이렇게 직관적으로 기술을 습득하고, 새로운 기술에 신속하게 적응하는 디지털 능숙함(digital savviness)이 알파 세대의 가장 큰 특징이다(Leonard, 2023).

표 1-1 알파 세대와 M 세대, Z 세대의 비교

구분	알파 세대	Z 세대	M 세대
출생연도	2010년 이후	1995~2009년	1980~1994년
연령	14세 이하	15~29세	30~44세
활용 미디어	모바일 AI스피커	모바일	인터넷
커뮤니케이션	틱톡 제페토 로블록스	인스타그램 유튜브 틱톡	싸이월드 페이스북 인스타그램

출처: 왕멍야오, 한석원(2024).

알파 세대는 종이책이나 물리적 매체보다 전자책, 온라인 뉴스, 스트리밍 서비스 등 디지털 매체를 좋아한다. 책 읽기에 있어서는 다음과 같은 특성을 보인다.

- **멀티미디어 선호**: 알파 세대는 시각과 청각을 동시에 자극하는 콘텐츠에 더 큰 흥미를 느낀다. 텍스트 중심의 전통적인 책보다 이미지, 애니메이션, 사운드 효과, 배경음악 등이 결합된 멀티미디어 중심의 책 읽기를 즐겨한다(Harris, 1999).
- **멀티태스킹과 짧은 집중 시간**: 알파 세대는 여러 작업을 동시에 수행하는 멀티태스킹(multi-tasking)에 익숙하다. 이들은 화면을 여러 개 띄워 놓고 작업을 한다. 예를 들어, 유튜브를 보면서 친구와 카카오톡을 하며 게임도 동시에 한다. 따라서 이들은 긴 텍스트보다는 짧고 간결한 콘텐츠를 선호하는 경향이 있다(Lyons, 2018; Thomas, 2024).[1]
- **상호작용과 참여**: 알파 세대에게 독서는 개인적인 활동만이 아니라 친구나 가족과 함께하거나 독서 모임, 북클럽, 온라인 포럼 등의 형태로 이루어지는 사회적 활동이다. 또한 개인적으로 독서를 할 때에도 이들은 수동적으로 텍스트를 읽기보다는 앱과 게임을 통해 이야기 속에 직접 참여하거나 선택을 통해 이야기를 진행시키는 것을 즐긴다(Gee, 2003).

[1] *Digital literacy and safety for generation alpha: A world online Daisy Thomas*. https://medium.com/@daisygarciathomas/digital-literacy-and-safety-for-generation-alpha-a-world-online-a1f2bbc41ef4

그림 1-1 인공지능(DALL-E3)으로 그린 알파 세대

출처: https://medium.com/@daisygarciathomas

알파 세대는 이전 세대보다 디지털 환경에 노출되는 기간이 현저히 길다. 이러한 상황은 알파 세대가 새로운 혁신에 잘 적응할 수 있는 능력을 갖추게 하지만, 인생 경험의 부족으로 인해 온라인 콘텐츠의 위험성에 더 취약하게 만들 수도 있다. 오프라인과 온라인의 경계가 점점 더 모호해지는 알파 세대의 환경은 디지털 리터러시와 안전 측면에서 다양한 기회와 도전을 제공한다. 이에 따라 부모와 교사는 알파 세대의 특성을 이해하고, 이들이 디지털 세상에서 안전하고 책임감 있는 성인으로 성장할 수 있도록 지도해야 한다. 특히 디지털 리터러시와 비판적 사고 능력, 프라이버시와 보안, 디지털 공감 및 윤리, 온라인과 오프라인의 균형, 기술 혁신에 대한 적응력과 평생학습 등의 역량을 키워 줄 필요가 있다(Thomas, 2024).

따라서 이 책에서는 디지털 위험 요인을 예방하고 아동의 건강한 성장과 발달을 지원하는 디지털 그림책의 제작과 교육적 활용 방안을 모색하고자 한다.

2) 디지털 시대의 그림책 만들기

(1) 그림책 만들기의 교육적 의미

글과 그림의 결합을 통해 이야기를 전달하고 독자의 상상력을 자극할 수 있다는 측면에서 그림책은 아동을 위한 교육 매체로서 중요한 역할을 담당해 왔다. 그림책을 통한 상상력의 자극은 끊임없는 상호작용을 통해 인지발달을 이룰 수 있는 계기를 제공한다. 이에 그림책을 통한 교육은 단순한 독서교육에 머무르지 않고, 창의적 예술 활동을 결합하여 그림책 만들기 활동으로 이어졌다. 그림책 만들기 활동을 통해 아동은 그림책의 내용을 이해하고, 자신의 생각과 느낌을 재구성하여 그리기로 표상하는 과정을 거치게 되며, 또래 및 교사와의 상호작용을 통해 다채로운 표상을 하게 된다(최윤규, 김미애, 2023).

최근에는 디지털 기술의 발전과 함께 다양한 콘텐츠가 디지털로 전환되는 과정에서 그림책에도 다양한 IT 기술을 도입하는 노력이 이루어지고 있다. 나아가 카메라, 마이크 등의 기능이 포함된 태블릿 PC 등 직관적인 조작이 가능한 디지털 기기들이 교육기관에 널리 보급되고 있다. 이와 같이 아동이 쉽게 활용할 수 있는 디지털 기기를 그림책 활동에 활용하도록 한 경우 아동은 많은 흥미를 보였으며, 수정에 대한 부담을 덜고 다양한 표현이 가능한 것으로 나타났다. 이는 아동이 디지털 그림책의 독자(reader)나 소비자(consumer)뿐 아니라 디지털 그림책의 작가(writer & illustrator)나 제작자(producer)가 될 수 있음을 의미한다.

디지털 그림책을 만드는 과정에서 아동은 텍스트뿐만 아니라 이미지, 애니메이션, 사운드 등의 요소들을 조합하는 경험을 하게 된다. 따라서 디지털 그림책 만들기 활동은 디지털 도구와 소프트웨어를 사용하는 능력을 기르는 데 매우 효과적인 활동이다. 이는 현대 사회에서 필수적인 기술로, 아동이 미래의 디지털 환경에 적응하는 데 크게 도움이 될 것이다. 요약하면 아동이 디지털 그림책을 읽을 뿐 아니라 교사와 함께 디지털 그림책 제작 과정에 참여한다면, 기존의 책 만들기 활동을 통해 경험하는 인지적 · 언어적 · 사회정서적 · 예술적 발달에 더해 디지털 리터러시(digital literacy) 역량 또한 길러질 수 있을 것이다.

(2) 디지털 그림책 만들기 사례

다음은 청당하늘채어린이집 5세반 어린이들이 교사와 함께 '쓰레기로 가득 찬 바다'라는 디지털 그림책을 만든 사례이다.

놀이의 시작

바닷가에서 유리병 조각에 찔린 친구의 이야기를 듣고 아이들은 발견되는 쓰레기와 그로 인해 고통받는 해양 생물에 대해 관심을 갖게 되었습니다.
아이들은 환경보호를 위해 할 수 있는 일이 무엇일까 이야기를 나누고, 재활용 분리수거를 하기로 했습니다. 그리고 부모님과 동생들에게도 알리기 위해 환경동화를 만들어 캠페인을 하기로 했습니다.

놀이실행

아이들은 동화 줄거리를 계획하고 각자가 맡을 캐릭터를 정하고, 대사도 작성했습니다.
교사는 아이들에게 동화에 들어갈 삽화를 그리자고 제안하고, 아이들의 그림을 스캔했습니다.
아이들은 교사와 함께 삽화와 대사를 캔바 프로그램을 사용해 디지털 동화로 만들었습니다.
아이들이 직접 녹음을 하고, 배경 음악과 효과음을 추가하여 동화를 더욱 생동감 있게 만들었습니다.

아이들이 자신의 생각과 경험을 바탕으로 이야기를 만들고 그림을 그립니다.

아이들과 함께 동화의 배경을 만들고 이야기에 어울리는 그림을 삽입합니다.

이야기짓기 활동으로 만든 이야기의 글을
직접 쓴 자료를 스캔해서 배경제거를 합니다.
배경제거된 자료를 앱에 업로드합니다.

이야기 장면을 그리고
아동의 목소리로
녹음합니다.

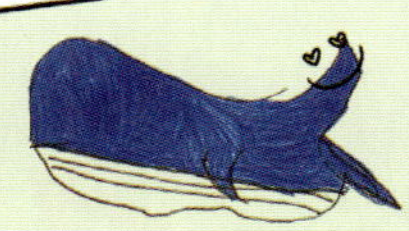

이야기짓기 활동으로 만든 이야기의 글을 직접 쓴 자료를 스캔해서
배경제거를 합니다. 배경제거된 자료를 앱에 업로드합니다.

생동감과 사실감을 표현하기 위해 그림이 움직이게 동선에 애니메이션 효과를
설정하고, 주인공의 얼굴 표정, 크기 등을 조절합니다.

놀이의 마무리

디지털 동화를 감상하면서 한 아이가 원장님과 다른 반 선생님들, 부모님, 친구들, 동생들에게 보여 주면 좋겠다고 말했습니다. 아이들은 교실은 영화관으로 꾸미고 시사회를 열기로 하고, 초대장과 포스터를 직접 만들었습니다. 시사회에서 아이들은 자신들이 만든 디지털 동화를 소개하고, 디지털 동화를 상영합니다.

QR코드를 활용하여 동화를 감상하고 다양한 확장활동으로 연계합니다.

QR코드에 동화를 저장합니다.

쓰레기로 가득찬 바다

2 … 그림책의 역사

그림책은 아동이 생애 초기에 경험하는 대표적인 미디어로서 자연스럽게 세상을 경험하고 지식을 구성하면서 성공적인 사회화 과정을 거치게끔 해 준다. 학자들은 그림책을 정의할 때 '글'과 '그림'의 특별한 상호작용에 주목한다. 따라서 글과 그림이라는 두 매체가 서로 결합하여 의미를 전달하는 것을 그림책의 가장 큰 특징이라 할 수 있다. 나아가 그림책은 글과 그림이라는 두 가지 기호로 구성된 '멀티미디어'(김현경, 2022) 또는 글과 그림이 조화롭게 결합된 '종합예술'로 정의할 수 있다. 이러한 그림책은 시대에 따라 다음과 같은 발달 과정을 거쳤다.

1) 그림책의 기원

그림책의 기원은 인류의 초기 시기까지 거슬러 올라갈 수 있다. 문자가 없던 선사시대에는 그림을 통해 이야기를 전달하는 원시예술이 발견된다. 특히 동굴 벽화는 그림책의 원형으로 볼 수 있는 중요한 자료이다. 대표적으로는 약 3만 년 전 구석기 시대 프랑스의 라스코(Lascaux)와 스페인의 알타미라(Altamira) 동굴 벽화들이 있다. 주로 동물 사냥 장면이나 일상생활을 묘사한 동굴 벽화들은 당시 사람들의 생활 방식과 신념을 이해하는 데 중요한 단서를 제공한다. 이러한 벽화들은 원시적이지만 시각적 스토리텔링의 기초를 형성하였으며, 이후 그림책의 발전에 중요한 영향을 미쳤다.

고대 문명에서는 글과 그림을 결합한 형태의 서사 도구가 존재하였다. 이집트의 파피루스 두루마리 역시 그림책의 기원으로 볼 수 있다. 예를 들어, 『사자의 서(Book of the Dead)』는 그림을 통해 사후 세계를 문맹층에게도 쉽게 전달할 수 있었다. 이는 주로 종교적 서사와 교육적 목적으로 제작되었고, 신화, 역사, 종교적 이야기를 생생하게 전달하였다(Osborne, 2006). 고대 그리스와 로마에서는 도자기와 벽화에 신화와 전설을 그림으로 표현하였다. 이러한 그림책 형태는 주로 신화와 전설, 역사적 사건을 기록하는 데 사용되었으며, 교육적 · 예술적 가치를 지녔다. 대표적인 예로는 건축물의 내부 벽면을 장식하기 위해 한 고대 로마의 프레스코 벽화가 있다. 이는 젖은 석회 벽면에 안료를 혼합하여 그리는 '부온 프레스코 기법'으로 오랜 시간 동안 색이 유지되는 특징이 있다.

그림 1-2 선사시대의 알타미라 동굴 벽화

그림 1-3 고대 이집트의 『사자의 서』

2) 중세의 그림책

인쇄술이 발달하기 이전 중세 유럽에는 수도사들이 손으로 작성한 필사본이 대부분이었다. 또한 문맹이 많았기 때문에 글과 그림을 결합하여 종교교육과 도덕적 교훈을 전달하였다. 삽화가 포함된 성경은 아동이 성경 내용을 쉽게 이해할 수 있도록 해 주었다(Cambridge University Library, 1990). 영국의 서사시 『베요울프』와 같은 문학 작품도 영웅 베요울프의 모험과 전투 장면을 삽화로 표현하여 아이들에게 용기와 정의의 가치를 가르쳤다. 또한 『아이소포스 우화』와 같이 동물이나 신화를 주인공으로 한 도덕적 우화와 교훈적 이야기를 담은 그림책도 만들어졌다. 후기 중세에는 장식 필사본과 개인 신앙서가 제작되어 귀족이나 부유한 가정에서 사용되었다. 이러한 책들은 정교한 장식과 화려한 삽화가 특징이었으며, 아동이 쉽게 이해할 수 있도록 간단하고 명료한 언어로 작성되어 신앙과 도덕적 교훈을 전달하는 중요한 역할을 하였다. 중세 그림책의 제작 과정은 매우 고되고 정교하여 오랜 시간이 걸렸다. 필사본은 대개 값비싼 양피지(papyrus)나 베룸(vellum)으로 만들어졌다. 글과 그림은 잉크와 템페라(tempera)로 그려졌으며, 종종 금박과 같은 장식이 포함되었다.

3) 근대의 그림책

15세기 중반 구텐베르크(Johannes Gutenberg)의 금속활자 발명은 그림책 보급에 혁신적인 변화를 가져왔다. 그의 인쇄술은 책의 대량 생산을 가능하게 하였고(Daly, 2016), 특히 그림이 포함된 책의 제작 비용을 낮추고, 더 많은 사람이 그림책을 소유할 수 있게 하였다.

17세기 초반 코메니우스(John Amos Comenius)는 『세계도회(Orbis Pictus)』를 출판하였다. 이 책은 최초의 삽화가 포함된 아동 교육용 책으로 일컬어진다. 삽화는 장식을 위한 것이 아니라 전체적인 맥락을 파악하고 상대적인 비교를 통해 내용 이해를 돕기 위한 것이었다. 세계도회는 1658년 출판된 이후 여러 언어로 번역되어 전 세계적으로 널리 사용되었으며, 교육 도구로서의 그림책의 잠재력을 입증한 사례로 평가받고 있다.

그림 1-4 중세의 필사본

그림 1-5 근대의 『세계도회』

로크(John Locke)는 아동의 능력과 흥미에 가장 적합한 유형의 책을 밝힘으로써 근대 아동문학의 토대를 구축하였다. 그는 좋은 아동서적은 오락적 요소와 독서의 수고에 대한 보상이 있는 책이라고 주장하였다. 또한 아이들에게는 보여 주는 것이 말하는 것보다 효과적이라는 생각에서 로크는 간결함과 삽화를 아동 서적의 핵심 요소로 꼽았다(Marcus, 2023).

이처럼 최초의 그림책은 교육적 목적을 기반으로 새로운 그림책 형태들로 확장되었다. 최초의 대중 서적이라 할 수 있는 챕북(chapbook)이 17세기와 18세기 북미와 유럽, 특히 영국에서 유행하였다. 챕북이라는 용어는 시골을 돌아다니는 잡상인인 챕맨(chapman)에서 나온 것으로 장터나 거리에서 판매되어 일반 대중이 접할 수 있는 저렴한 책이었다. 챕북은 아동이 친근하게 다가갈 수 있도록 주머니 크기의 얇은 책자로 제작되는 특징이 있었다. 종이와 잉크를 사용했으며, 표지는 종종 간단한 나무판화나 삽화로 장식되었다. 주로 민속 이야기, 전설, 우화, 시, 노래, 종교적 교훈, 교육적 주제 등 당시에 인기 있는 이야기나 교육적인 내용(Burke, 2008)과 글을 못 읽는 아동들도 이해할 수 있도록 그림을 많이 담았다(김민하, 2015).

그림 1-6 17세기 나무 표지로 만든 챕북

4) 현대의 그림책

18~19세기에는 산업혁명과 함께 출판 기술이 발전하면서 그림책의 형태와 내용이 다양해졌다. 이 시기의 대표적인 작품은 1744년 존 뉴베리(John Newbery)의 『A Little Pretty Pocket-Book』으로 아동을 위해 인쇄된 최초의 상업적 그림책으로 평가된다(Tucker, 2010). 이 책은 알파벳 각 글자에 대한 간단한 운율로 구성되어 있다. 영국의 전통 스포츠인 Stoolball의 삽화와 'Base-Ball'이라는 제목의 운율이 포함되어 있다. 이는 인쇄물에서 Base-Ball이라는 단어가 처음으로 등장한 사례이다. 가격은 6펜스였는

The *little* k Play. 43

BASE-BALL.

THE *Ball* once ſtruck off,
Away flies the *Boy*
To the next deſtin'd Poſt,
And then Home with Joy.

MORAL.

Thus Seamen, for Lucre
Fly over the Main,
But, with Pleaſure tranſported
Return back again.

그림 1-7 뉴베리의 A Little Pretty Pocket-Book (1787년판의 매사추세츠주 의회도서관 디지털 복제본)

그림 1-8 1901년 출판된 『피터 래빗 이야기』

데, 공이나 바느질용품과 묶어서 8펜스에 판매하는 마케팅 기법이 사용되었다(Norman, 2024). 이와 같이 그림과 텍스트의 결합이 더욱 정교해지면서, 이야기의 전달력이 강화되었다.

19세기 말에는 컬러 인쇄 기술이 발전하면서, 화려하고 생동감 있는 그림책이 출판될 수 있었다. 월터 크레인(Walter Crane), 케이트 그린어웨이(Kate Greenaway) 그리고 랜돌프 칼데콧(Randolph Caldecott) 등이 그림책을 새롭고 흥미로운 그래픽 영역으로 끌어올렸고, 이때부터 그림책을 예술 분야로 인식하게 되었다. 예를 들어, 베아트릭스 포터(Beatrix Potter)는 런던의 켄싱턴 저택 벽에 걸린 칼데콧의 원작을 보면서 성장했고, 그의 처녀작인『피터 래빗 이야기(The Tale of Peter Rabbit)』가 유럽과 북미 전역으로 번역되어 많은 공공도서관의 소장품이 되었다(Marcus, 2023).

19세기 후반 산업 혁명으로 기계 인쇄 기술과 종이 제조 기술의 발전에 따라 대량 생산이 가능해지면서, 아동도서 시장이 급성장하였다. 이에 아동에게 흥미로운 학습 경험을 제공하고자 교육과 놀이를 결합한 토이북(Toy Book)이 대중화되었다. 토이북은 팝업북, 플랩북, 터치 앤 필북 등 다양한 형태로 아동이 직접 조작하고 즐길 수 있는 인터랙티브 요소가 많이 포함되었다. 내용은 주로 아동의 흥미를 끌기 위한 이야기, 동요, 그림, 퍼즐, 게임 등이며, 교육적 요소를 포함하여 아동이 학습하면서 놀 수 있도록 설계되었다. 토이북은 종이뿐만 두꺼운 카드보드, 천, 플라스틱 등 다양한 재질을 사용하여 내구성을 높였다(김민하, 2015).

1920년대 중반 미국의 상업 및 문화 사업이 전성기를 맞이할 무렵, 아동도서 주간(Children's Book Week) 캠페인이 일어났고, 아동문학가에게 수여되는 최초의 문학상인

그림 1-9 19세기 말 선물책으로 인기를 끌던 팝업북. 1887년에 출판된 독일의 풍자 예술가 로타르 메겐도르퍼(Lothar Meggendorfer)의 「Internationaler Zirkus(국제 서커스)」

출처: Marcus (2023).

뉴베리상(John Newbery Medal)이 생겨났다. 뱅크 스트리트 교육대학의 전신인 뉴욕 교육실험국의 설립자 루시 스프라그 미첼(Lucy Sprague Mitchell)은 아동이 너무나 수동적인 관찰자로 취급되고 있다고 하면서 아동이 목소리를 높이고, 책을 읽고 공연하는 데 참여하는 것이 유익하다고 믿었다. 이러한 미첼은 문자 그대로의 사실주의적 접근 방식보다 아동의 상상력에 여지를 남겨 둔 그래픽적이고 반추상적인 방식으로 일상적인 주제를 묘사하는 삽화 또는 게임 같은 요소가 있는 그림책을 선호하였다. 뉴베리상에 이어 1938년 칼데콧상(Randolph Caldecott Medal)이 생겨났다. 뉴베리상이 글을 대상으로 하는 반면, 칼데콧상은 삽화를 대상으로 한다. 1970년대 이후 글로벌화에 따라 미국의 모리스 센닥(Maurice Sendak)과 에릭 칼(Eric Carle), 영국의 존 버닝햄(John Burningham),

그림 1-10 뉴베리상(좌)과 칼뎃코상(우)

그림 1-11 칼데콧상 수상작들

헬렌 옥센버리(Helen Oxenbury), 네덜란드의 딕 브루나(Dick Bruna) 등의 그림책이 번역되어 세계 각지로 퍼져 나갔다(Marcus, 2023).

3 … 디지털 시대의 그림책

1) 디지털 그림책의 발달

아동이 생애 최초로 만나는 책이자 장난감으로서 많은 사랑을 받아 온 그림책은 디지털 혁명으로 인해 전통적인 종이책 형태에서 벗어나 다양한 방식의 디지털 그림책으로 진화하게 되었다. 특히 2000년대에 접어들면서 디지털 테크놀로지에 대한 대중의 이해도가 높아지고 스마트 디바이스의 시스템과 인터페이스의 조작과 활용이 체계화됨으로써 사용 연령 범주가 저연령층까지 확대되기 시작하였다. 인터넷은 삽화가들에게 그림을 그리는 데 사용할 수 있는 새로운 도구를 제공했을 뿐 아니라 자신의 작품을 전 세계 독자들에게 선보일 수 있게 하였다. 디지털 아트를 어느 지역으로든 전자적으로 전송하기 쉬워지면서 국경을 넘나들고, 멀리 떨어져 있는 협업자들이 만든 그림책의 수가 급격히 증가하고 있다. 디지털 그림책의 급격한 보급과 상용화는 전문 디지털책 출판사와 아마추어 개발자뿐 아니라 소비자의 안목과 이해 수준이 동시에 향상되었기 때문에 가능한 결과였다(김민하, 2015; 김진곤, 2019; Marcus, 2023).

초창기 디지털 그림책은 주로 CD-ROM 형식으로 만들어졌고, 기본적인 애니메이션과 사운드 효과가 포함되어 있었다. 이러한 책들은 컴퓨터에서 실행되었고, 사용자에게 새로운 형태의 독서 경험을 제공하였다. 인터넷의 등장은 불편한 CD-ROM 형태의 저장 매체 없이 웹 브라우저를 통해 구현되는 플래시나 쇼크웨이브 같은 멀티미디어 기술로 인하여 비용 절감과 표현 기술의 향상을 가져왔다(김진곤, 2019). 2000년대 초반 전자책 리더기의 등장과 함께 디지털 그림책은 또 다른 도약을 맞이하였다. 전자책은 텍스트와 이미지를 포함한 디지털 파일로, 전자책 리더기나 태블릿에서 쉽게 읽을 수 있었다. 이러한 전자책은 휴대성이 뛰어나고, 대량의 책을 한 기기에 저장할 수 있다는 장점이 있었다. 2010년대에 들어서면서 스마트폰과 태블릿의 보급이 확산됨에 따라 그림책 앱이 등장하게 되었다. 그림책 앱은 전통적인 전자책에 비해 더 많은 인터랙티브 기능과 멀티미디어 요소를 포함하고 있어, 사용자가 그림과 이야기 속에 직접 상호작용할 수 있게 하였다. 이러한 앱은 주로 아동을 대상으로 하였으며, 다양한 교육적 요소와 게임을 포함하였다(Wardrip-Fruin & Montfort, 2003).

이상과 같은 변화는 세계 최대 규모 행사인 볼로냐 아동도서전에도 반영되었다. 1963년부터 매년 실시되어 온 볼로냐 아동도서전은 2012년 볼로냐 라가치 디지털상(Bologna Ragazzi Digital Award) 분야를 신설하여 픽션, 논픽션, 증강 현실(AR) 부문으로 나누어 시상했으며(네이버 지식백과), 2021년부터는 볼로냐 라가치 디지털상 대신 볼로냐 라가치 크로스 미디어상(Bologna Ragazzi Cross Media Award)을 선정해서 시상하고 있다. 볼로냐 아동도서전 홈페이지에는 볼로냐 라가치 크로스 미디어상을 다음과 같이 소개하고 있다.

> 2020년 볼로냐 아동도서전은 볼로냐 라가치 디지털상의 범위를 확대하고 책의 세계와의 연결을 강화하기 위해 상을 개편하기로 했습니다. 볼로냐 라가치 크로스 미디어상은 다양한 미디어를 통해 내러티브 세계를 확장하거나 다른 미디어에서 시작된 프로젝트의 내러티브를 확장한, 최고의 출판 프로젝트를 선정하기 위해 제정된 상입니다.

그림 1-12 볼로냐 아동도서전(좌)과 볼로냐 라가치 크로스 미디어상(우)

2) 디지털 그림책의 유형

그림책은 그 자체로도 이미 복합적인 매체의 특성을 갖고 있으며, 과학기술에 따라 형식이 더욱 다양화되고 있다. 인쇄 기반 그림책, 종이 그림책, 아날로그 그림책 등 전통적인 그림책과 대비되는 개념으로 전자그림책, 멀티미디어 그림책, 디지털 그림책 등 새로운 명칭이 등장하였다. 이 책에서는 종이 그림책 vs 디지털 그림책으로 통일하여 사용할 것이다. 학자마다 디지털 그림책에 대한 용어뿐 아니라 분류 방식에 차이가 있다. 예를 들어, 허정은(2012)은 비디오, CD-ROM 그림책, 웹그림책, 앱북으로, 김민하(2015)는 오디오 그림책, CD-ROM 그림책, 웹북, 앱북으로, 파파다키스, 칼로지아나키스와 자라니스(Papadakis, Kalogiannakis, & Zaranis, 2018)는 전자책(e-book), 그림책 앱, 인터랙티브 그림책 등으로 분류하고 있다. 이와 같이 디지털 그림책은 주로 '디지털 기기'의 유형에 따라 분류되며, 새로운 형식의 그림책이 등장하고 발달함에 따라 디지털 그림책의 개념 역시 변화하고 있다(김현경, 2022). 요코타와 틸(Yokota & Teale, 2014)은 디지털 그림책의 주요 유형을 다음 네 가지로 분류하였다.

(1) 그림책 전부를 스캔하는 유형

초창기 디지털 그림책은 종이로 인쇄된 그림책을 단순히 스캔한 것으로, 온라인이나 다른 전자 매체를 통해 제공되었다. 예를 들어, 2002년에 국제 아동 디지털 도서관(ICDL)이 전 세계의 디지털화된 책을 소장한 무료 도서관으로 설립되었다(http://en.childrenslibrary.org). 이 디지털 도서관은 책을 전부 스캔해서 원래의 디자인을 살리고, 표지, 속지, 책의 형태, 펼친 모양, 그림 배치, 글꼴 등과 같은 특징도 그대로 유지하였다. 원본에서 보태거나 뺀 것은 없다. 칼데콧 수상작인 『When Sophie Gets Angry-Really, Really Angry』가 대표적인 예이다.

이러한 유형의 디지털 그림책은 원작의 모든 예술적 · 디자인적 특징을 유지하고, 전 세계에서 사용 가능하다는 장점이 있다. 그러나 원래의 종이 그림책이 더 바람직한 경우도 있다. 예를 들어, 컴퓨터나 태블릿 화면에서는 원래의 책 크기 등에서 얻는 경험이 사라질 수 있기 때문이다(Yokota, 2013). 이는 디지털 화면에서 그림책을 단순히 재현하는 것은 득(접근성)보다 실(대상과 상호작용하지 않음)이 클 가능성도 있음을 시사한다.

(2) 그림책을 영화처럼 만드는 유형

종이 그림책을 디지털화하는 또 다른 방법은 책을 영화처럼 제작하는 것이다. 초창기의 CD-ROM 영화 제작 방식을 컴퓨터 화면으로 확장한 예로, Scholastic Book의 Weston Woods 영화 버전 그림책인 『Flix』가 있다. 이 책은 텍스트가 나타나지 않으며, 카메라가 그림을 줌, 패닝, 컷오프 등의 방식으로 이동하며, 책의 장면과 관련된 사운드가 추가된다. 이를 통해 디지털 그림책 제작자는 텍스트와 이미지를 연결하는 아동의 시각적 경험에 영향을 미칠 수 있다. 즉, 종이 그림책에서는 아동 자신이 주의를 집중할 위치와 시간을 선택하는 반면, 이러한 유형의 디지털 그림책에서는 제작자가 시각적 · 청각적 요소를 좌우한다. 그림책에는 일상적인 대화에서 잘 사용하지 않는 복잡한 단어와 문법이 있어서 내용을 이해하기 어려운 경우가 종종 있다. 그러나 영화처럼 만든 디지털 그림책은 줄거리와 플롯 라인을 그림을 통해 비언어적으로 표현하므로 이러한 어려움을 극복하는 데 도움이 된다(Takacs & Bus, 2018).

(3) 디지털 요소를 추가한 유형

2000년대 초반에는 그림책을 단순히 스캔하여 인쇄물에서 픽셀로 변환하는 것을 넘어, 종이 그림책이 할 수 없는 소리와 움직임 같은 기능을 추가하기 시작하였다. 이러한 접근 방식의 대표적인 예로 원모어 스토리(https://www.onemorestory.com)를 들 수 있다. 이 사이트는 책의 전체적인 레이아웃, 페이지 순서, 페이지 넘기기 등의 구조를 유지하면서도 다음과 같은 디지털 요소를 추가하였다.

표 1-2 디지털 추가 요소 및 내용

추가한 디지털 요소	내용
글꼴 변경 및 텍스트 배치	• 스토리의 각 화면 또는 양쪽으로 펼친 페이지의 하단에 텍스트를 배치하기 • 원래 종이 그림책에 텍스트가 있던 곳은 빈 공간으로 두기 • 초보 독자가 텍스트를 더 쉽게 찾고 처리할 수 있도록 글꼴은 모든 책에 걸쳐 표준화하기
읽기 오디오	• '나에게 읽어줘'(Read to Me) 모드를 선택하여 책을 표현적으로 들을 수 있게 하기
음향 및 음악	• 책의 분위기 보완을 위해 스토리에 맞춰 음악을 작곡하기 • 스토리에 대한 경험을 향상하기 • 음향효과를 포함하기
핫스팟	• 특정 그림 요소들이 마우스 클릭 또는 마우스 오버에 반응하도록 사운드, 애니메이션 또는 두 가지 모드로 프로그래밍하기

최근 태블릿 디바이스와 iOS 운영 체제의 등장은 디지털 그림책에 획기적인 변화를 가져왔다. 원래 디지털 그림책은 종이 그림책으로 출판된 후 디지털로 변환되었

는데, 이러한 과정은 태블릿을 통해 더욱 향상되었다. 데스크톱이나 랩톱 컴퓨터로는 구현하기 어려웠던 기능이 손에 들고 다니는 기기에 의해 가능해진 것이다. 자이로스코프 움직임, 화면의 메뉴를 터치하여 조작하기, 마우스 조작보다 훨씬 쉬운 스와이프나 터치 앤 드래그를 통한 화면 이동 제어 등의 기능이 이에 해당한다. 예를 들어, Astrojammies(Demibooks, 2010) 앱에서 주인공 지미는 마법처럼 우주 비행사로 변신해 우주로 나간다. 그곳에서 그는 무중력 상태를 체험하며 자유롭게 떠다니고 회전한다. 이러한 연출은 이야기의 몰입감을 높이고 풍부한 질감을 더해 준다. 또한 Nosy Crow(2011)의 신데렐라 앱에서는 "컵을 싱크대에 넣어 줄래?"라는 요청에 아동이 터치 앤 드래그로 반응할 수 있다.

(4) 인터랙티브 유형

스토리를 넘어서 게임 기능 등 아동이 그림책과 상호작용할 수 있는 기능을 포함한 유형은 가장 진화된 디지털 그림책이라 할 수 있다. 최근 몇 년간 개발된 많은 앱과 디지털 그림책에는 아동이 실행할 수 있는 보조 기능이 포함되어 있다. 매칭 게임, 퍼즐, 색칠하기 또는 그림 그리기와 같은 인터랙티브 기능들이 특히 아동을 대상으로 많이 사용된다. 게임의 기본 설계 원리는 아동의 기술 수준에 맞춘 구체적인 도전을 제공하고, 아동의 기술이 향상됨에 따라 난이도를 증가시키는 것이다. 이는 놀이 이론의 기본 가정과도 일치한다. 기본적으로 디지털 그림책의 게임에는 목표, 상호작용 요소, 보상과 점차 증가하는 도전 수준이 포함되며, 이는 즐거움과 만족의 핵심 요소이다(Bus, Neuman, & Roskos, 2020).

다양한 디지털 그림책이 존재하는 상황에서 교육자들이 무엇을 선택할 것인가 하는 문제가 매우 중요한 질문으로 대두되고 있다. 이는 다음 두 가지 이유에서 특히 중요하다. 첫째, 최근 몇 년 동안 출시된 아동용 스토리 앱과 디지털 그림책 중에는 품질이 낮은 것들이 많다. 둘째, 교실에서의 교육적 사용하는 자료의 품질을 교사들이 비판적으로 검증하는 경우가 별로 없다. 이러한 이유로 교육자들이 스토리 앱이나 전자책의 품질을 평가하는 데 사용할 수 있는 기준을 제안하면 다음과 같다.

표 1-3. 디지털 그림책 평가 도구

차원	특성
개인화	다중 정체성, 맞춤형 디지털 책, 자율적 읽기, 텍스트 선택
정서적 놀이성	즐거움, 기쁨, 소속감 및 소속감과 관련된 감정: 독서에 대한 긍정적 태도
인터랙티브 놀이성	스크린과의 개별 상호작용, 가상 및 대리 터치: 내러티브와의 상호작용
창의적 가능성	텍스트 내의 다양한 선택 가능성
공유 참여	사회적 관행으로서의 독서, 공동 독서
지속적인 참여	방해받지 않는 독서 시간을 통한 지속적인 그룹 상호작용 지원: 여러 제목의 디지털 책에 쉽게 접근

출처: Hoel & Jernes (2024).

제2장

디지털 그림책의 특성과 전망

1 … 디지털 그림책의 특성

1) 종이 그림책과의 차이

(1) 산업 경제적 측면

디지털 시대의 도래와 함께 출판 산업은 큰 변화를 겪고 있다. 특히 그림책 시장에서는 전통적인 종이 그림책과 디지털 그림책이 공존하며 각각의 시장 특성을 갖고 있다. 종이 그림책은 인쇄, 제본, 물류 등의 과정을 거쳐 소비자에게 전달되며, 이러한 과정에서 상당히 많은 제작 및 유통 비용이 소요된다. 대량 생산을 하지 않으면 단가가 높아질 수 있으며, 물리적 재고 관리와 유통망 구축이 필요하다. 그럼에도 불구하고 종이 그림책은 오랜 전통과 더불어 꾸준한 수요를 갖고 있다. 부모들은 아이들에게 책을 직접 읽어 주는 것이 중요하다고 여기며, 학교, 유치원 등 공공기관에서도 종이책을 구입한다. 종이 그림책은 저작권 보호가 비교적 용이하며, 출판사는 책 판매를 통해 안정적인 수익을 창출할 수 있다. 또한 한 권당 판매 가격이 비교적 높아 작가와 출판사 모두에게 유리한 수익 구조를 갖고 있다.

디지털 그림책은 전자 파일 형태로 제작되기 때문에 인쇄 및 물류 비용이 절감된다. 또한 온라인 플랫폼을 통해 전 세계에 즉시 배포할 수 있어 유통 비용도 낮다. 그러나 애니메이션, 사운드, 인터랙티브 요소 등을 포함하는 디지털 그림책의 경우 초기 개발 비용이 높을 수 있다. 디지털 그림책은 모바일 기기와 태블릿의 보급으로 인해 빠르게 성장하고 있는 시장이다. 그러나 디지털 그림책을 좋아하는 아동들과 달리, 실질적인 구매자인 부모들 중에는 디지털 기기 사용에 대한 우려로 인해 여전히 종이 그림책을 선호하는 경향도 있다(Bus, Neuman, & Roskos, 2020). 디지털 그림책은 저작권 보호가 어려울 수 있으며, 불법 복제와의 싸움이 지속되고 있다. 디지털 플랫폼을 통한 판매로 종이 그림책에 비해 저렴한 가격으로 제공되는 경우가 많아 수익 구조가 불리할 수 있다. 그러나 구독형 서비스나 광고 수익모델을 통한 수익 창출 방안을 모색할 수 있다.

(2) 물리적 측면

인류의 정보 전달 방식은 시대와 기술의 발전에 따라 진화해 왔다. 종이는 물리적인 형태를 지닌 매체로, 촉각적 경험과 시각적 명료함을 제공한다(Chang, 2016). 아동은 종이 그림책의 페이지를 넘기면서 물리적으로 책을 탐색하고, 종이의 질감과 향기를 느낄 수 있다. 또한 부모와 함께 즐길 수 있고, 인터넷이나 미디어가 없어도 언제 어디서든 읽을 수 있고, 정전이나 데이터 손실의 위험이 없다는 것도 종이 그림책의 장점이다. 반면에 공간을 차지하고 무게가 나가서 보관이나 휴대 및 이동 등에 제약이 있으며, 물리적 손상에 취약하며 수정이나 업데이트가 어렵다는 단점이 있다.

디지털 그림책은 이러한 한계를 극복할 수 있다. 디지털 정보는 빠른 검색과 편집, 신속한 업그레이드, 대량 저장과 복사, 공유의 측면에서 강점이 있다(Tsai, Liang, & Tsai,

그림 2-1 종이책 vs 디지털 책

출처: https://jamesdbest.blogspot.com/2018/10/ebooks-vs-printwho-won.html
https://mywriteofpassageblog.wordpress.com/2015/01/21/a-great-debate-e-book-or-paper-back-which-do-you-prefer

2015). 하지만 디지털 그림책은 단말기 등 부속장치와 충전이 필요하며, 인터넷이 연결되어야 하고, 기술적 오류에 대한 제약과 사이버 보안 문제가 있다. 종이 그림책의 경우 페이지를 넘기며 이야기를 진행하고 시각을 통해 글과 그림을 읽는(read) 반면, 디지털 그림책은 스크린을 터치하며 이야기를 구성하고, 시각, 청각, 촉각 등 다양한 감각을 사용하여 글, 그림, 모션, 배경음악, 음향효과 등을 재생(play)하게 된다(김민하, 2015). 다양한 시청각 자료는 흥미와 몰입을 유도하지만, 과도한 화면 노출은 눈의 피로와 시

표 2-1 종이 그림책과 디지털 그림책의 비교

구분		종이 그림책	디지털 그림책
산업 경제적 측면	비용	• 상대적으로 높은 제작 비용(종이, 인쇄, 물류)	• 초기 개발비용이 높지만 복사/유통 비용은 거의 없음 • 디지털 유형에 따라 종이책보다 저렴하거나 비쌀 수 있음
	유통	• 전통적 출판 및 유통 구조	• 글로벌 시장 접근성
	시장 규모	• 오랜 전통으로 안정적인 시장	• 빠르게 성장하고 있는 시장
	저작권 보호	• 복사에 쉽게 노출 • 저작권 보호 비교적 용이	• 저작권 보호 및 플랫폼 수수료 문제 • 워터마킹 기술로 추적 가능
	기타	• 소비자에게 수집 가치와 정서적 만족을 제공	• 구독 서비스 등 새로운 수익모델 창출 가능
물리적 측면	재질	• 종이, 천, 나무 등	• 모니터 등의 송출기기
	부속장치	• 불필요	• 전자기기, 단말기 필수
	수정	• 출판 후 수정이 어려움	• 수정 및 업그레이드 수월
	보관	• 손상 가능 • 공간 필요	• 반영구적 보관 • 방대한 양 저장 가능
	가독성	• 뛰어남	• 눈이 쉽게 피로함
	접근성	• 읽기 외에 특별한 기술이 불필요	• 인터페이스 조작기술 필요
	무게	• 있음	• 없음(휴대가 편함)
	촉감	• 직접 질감 인식	• 시각적 이미지를 통해 인식
	시각	• 주의집중할 장면과 시간을 아동이 선택	• 기기에 따라 원본의 색상이 변할 수 있음
	청각	• 부모/교사/아동 자신의 목소리로 인식	• 기기를 통해 제공
	후각	• 종이를 통해 인식	• 시각적 이미지를 통해 인식

력 저하를 유발할 수 있다. 또한 디지털 그림책은 종이 그림책처럼 종이의 감촉을 손으로 느끼는 즐거움을 주지 않는다. 그래서 일부 전문가들은 디지털 그림책이 종이 그림책을 대신할 수 있는 기술적인 잠재력을 갖고 있지만, 여전히 종이 그림책의 대체물이 되지는 못할 것으로 본다. 또한 적지 않은 부모와 교사들은 여전히 종이 그림책을 선호한다.

(3) 교육 효과 측면

① 디지털 그림책 우위 입장

디지털 그림책은 전통적인 종이 그림책과는 질적으로 다른 독서 경험을 제공한다. 대개 디지털 그림책에는 애니메이션과 배경 소리 및 음악 등 텍스트를 극화하는 기능이 있다. 또한 대부분의 책에는 마우스 클릭이나 화면 터치로 활성화할 수 있는 인터랙티브 하이퍼미디어 요소가 포함되어 있다. 오락용인 것들이 많지만, 단어의 의미를 알려주는 사전과 같이 유용한 도움을 제공하는 기능도 있다(Bus, Takacs, & Kegel, 2015). 이에 아동은 디지털 그림책을 좋아하고 흥미를 느끼며 자발적으로 탐색하게 된다(Barshy, 2021). 또한 아동은 디지털 그림책의 다양한 기능의 조작과 활용에 몰입하게 함으로써 종이 그림책에서의 '읽는다'는 제한적 행위를 '놀이한다, 공부한다, 이용한다, 게임한다' 등의 복합적 행위로 전환하게 된다. 이러한 이유로 디지털 그림책은 종이 그림책에 비해 적극적인 독서 참여와 강한 학습 효과를 유발할 수 있다(김민하, 2015; Barshay, 2021). 실제로 많은 연구(김민하, 2015; 한유미, 원순옥, 2022; Richter & Courage, 2017)에서 아동은 종이책보다 디지털 책을 읽을 때 더 주의를 기울이고 참여하는 것으로 밝혀졌다. 심지어 특수아동의 경우에는 디지털 그림책을 혼자 읽는 것이 성인이 종이책을 읽어 주는 것보다 어휘 학습에 효과적이었다(Furenes, Kucirkova, & Bus, 2021).

디지털 그림책이 효과적이라는 연구결과는 파이비오(Paivio, 1986)의 '이중부호화' 이론(dual-coding theory)과 배들리(Baddeley, 1986)의 '작업기억' 모델(model of working memory)에 의해 설명될 수 있다. 이러한 관점에 의하면 인간은 한 가지 감각기관에서 정보를 처리할 때보다 두 가지 감각기관에서 정보를 동시에 처리할 때 훨씬 효과적으로 학습하고 기억한다. 따라서 아동이 스토리를 읽거나 들을 때 삽화나 비언어적 정보들(배경 소리 및 음악)이 제공되고, 이 정보들을 동시에 사용할 수 있다면, 텍스트가 단순히 단어만으로 전달되는 경우보다 더 잘 이해하고 기억할 수 있음을 의미한다(Bus, Takacs,

& Kegel, 2015). 따라서 시각적 메시지에만 의존하는 종이 그림책에 비해 멀티미디어 속성이 있는 디지털 그림책은 아동의 학습에 효과적인 도구라 할 수 있다.

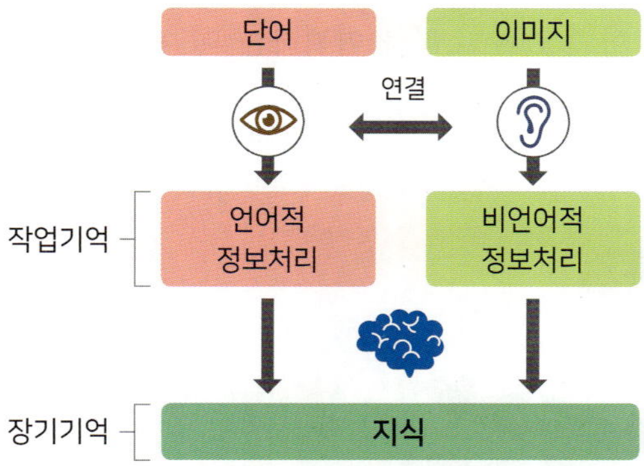

그림 2-2 이중부호화 이론

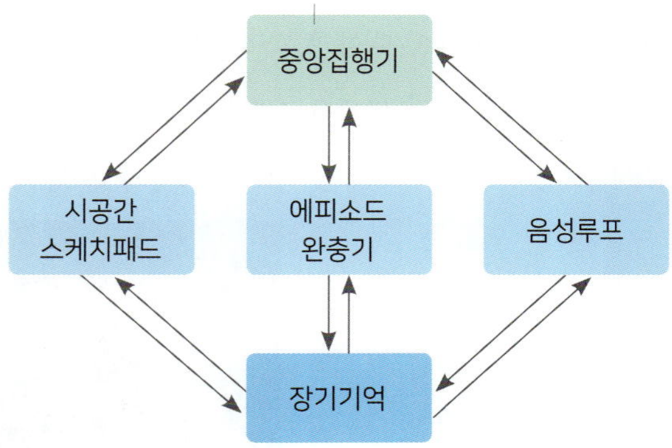

그림 2-3 작업기억 모델

② 종이 그림책 우위 입장

이와 반대로 최근 메타 분석 결과, 성인, 학생, 아동은 종이로 읽는 것에 비해 화면으로 읽을 때 독서 성취도가 낮은 것으로 밝혀졌다(Furenes, Kucirkova, & Bus, 2021). 아동용 디지털 그림책에 대한 연구결과도 성인용 디지털책 연구에서 나타난 결과와 유사하다. 성인의 경우와 정도의 차이는 있지만, 아동 역시 디지털 그림책보다 종이 그림책의 읽기 이해력 점수가 높게 나타났다(Barshay, 2021). 이와 같은 '종이 우위'(paper advantage) 또는 '화면 열세'(screen inferiority) 입장은 '주의분산'(split-attention) 원리로 설명될 수 있다(Furenes, Kucirkova, & Bus, 2021). 디지털 그림책을 읽을 때 아동은 눈으로는 글자와 그림을 보고, 귀로는 소리를 듣고, 손가락으로는 화면을 터치해야 한다. 좀 더 고기능의 디지털 그림책의 경우에는 동화의 줄거리를 따라가는 동시에 인터랙션 기능을 활성화하기 위한 동작(예: 클릭)에 인지적 자원을 할당해야 한다. 이와 같이 제한된 인지적 자원을 분배하고, 장치를 다루는 행위는 읽기에 부정적 영향을 미칠 수 있다. 따라서 종이 그림책으로 읽을 때보다 디지털 그림책을 볼 때 아동은 스토리에 대한 이해력이 떨어진다는 것이다.

많은 연구가 디지털 그림책의 멀티미디어 요소 설계가 아동의 인지 부하를 증가시키고 주의를 산만하게 하여 학습에 도움이 되지 않음을 보고하고 있다(Baia et al., 2022). 특히 청각적 강화 요소는 이야기의 내레이션과 동일한 감각을 사용하기 때문에 부정적인 영향을 미치는 것으로 알려졌다. 음악과 소리가 내레이션 단어를 명확히 듣지 못하게 하거나 새로운 단어의 발음을 기억하지 못하게 만들어 어휘 학습을 방해할 수 있기 때문이다. 더욱이 언어 능력이 부족한 어린 아동의 경우에는 구어로 된 단어를 처리하는 데 대부분의 청각적 자원이 소모될 수 있어 음악과 소리를 이해하는 데 어려움을 겪을 수 있다(Li & Bus, 2023).

그림 2-4 주의분산(split-attention)

출처: CC0 Public Domain(goo.gl/m25gce).

③ 디지털 그림책 관련 변수

이와 같이 디지털 그림책이 학습을 향상시킨다는 연구와 디지털 그림책의 멀티미디어 요소가 학습을 방해한다는 상반된 연구결과가 공존한다(Baia et al., 2022). 그뿐만 아니라 디지털 그림책과 종이 그림책 간에 별다른 차이가 없다는 연구도 있다. 예를 들어, 버스, 뉴먼과 로스코스의 연구(Bus, Newman, & Roskos, 2020)에서 아동은 성인이 읽어 주든 음성 해설로 읽어 주든 그림책에 감정적으로 똑같이 몰입하며, 이야기의 내용도 비슷하게 이해하는 것으로 나타났다. 이는 매체 자체가 중요한 것은 아님을 시사한다. 따라서 학습을 최적화하기 위해 디지털 그림책의 어떤 부분을 어떻게 개선할 것인지를 살펴볼 필요가 있다.

㉠ 디지털 그림책의 유형

그림책 유형이 주의집중력에 미치는 영향을 비교한 관찰 연구결과(이하나, 왕린, 2017), 종이 그림책과 멀티미디어 그림책은 긍정적인 반면, 앱 그림책과 증강 현실 그림책은 부정적인 것으로 나타났다. 이는 앱 그림책과 증강 현실 그림책은 스토리가 아니라 인터랙션 및 놀이 기능에 초점이 있어 근육발달이 미흡한 아동에게 기기 사용의 어려움을 초래하고 주의집중력을 떨어뜨리기 때문으로 보인다. 반면에 종이 그림책과 멀티미디어 그림책은 아동 스스로 기능을 작동하지 않고 내용에만 집중할 수 있어 독서활동에 대한 주의집중력이 상승한 것으로 추측된다.

㉡ 화면의 특성

뇌파를 측정한 연구(남효순, 2023)에서는 종이 그림책보다 스마트폰이나 노트북 등 디지털 매체를 사용해 읽을 때 알파파의 활성도가 낮고, 베타파가 많이 측정되었다. 디지털 기기 중에서도 화면의 크기가 작은 스마트폰에 비해 크기가 큰 노트북에서 상대적으로 낮은 알파파와 높은 베타파가 나타났다. 이는 화면이 클수록 시청각 자극에 대한 수용도가 높아 과도한 주의집중을 유발하기 때문으로 보인다. 또 다른 연구(이유미, 남효순, 2017)에서는 정적인 영상을 시청할 때에 비해 움직임이 많고, 시청각 자극이 강한 애니메이션 영상을 볼 때 베타파가 높게 측정되었다. 이는 빠른 화면 전환과 흥미를 자극하는 영상에 뇌가 쉽게 집중한다는 것을 의미한다.

㉢ 문학장르

내러티브 줄거리를 따라갈 필요가 없는 논픽션의 경우 일반적으로 디지털 그림책이 효과적인 반면, 픽션은 종이 그림책이 효과적인 것으로 알려져 있다(Barshay, 2021). 실제로 증강 현실 그림책으로 읽을 때와 종이 그림책으로 읽을 때의 몰입시간을 비교한 결과(한유미, 원순옥, 2022), 정보동화는 종이 그림책보다 증강 현실 그림책의 몰입시간이 현저하게 높았지만, 생활동화의 경우에는 몰입시간의 차이가 없는 것으로 나타났다. 이는 정보동화는 가상 현실 속에서 3차원적인 증강 현실 그림책이 전문적인 지식의 이해를 도와서 몰입에 영향을 준 반면, 일상적인 생활을 담고 있는 생활동화는 평소 익숙한 내용을 다루고 있어 증강 현실 기술이 큰 영향을 주지 않기 때문으로 예상된다.

㉣ 인터랙션 기능(강화 요소)

많은 연구자는 스토리와 관련 있는 인터랙션 기능이 내러티브를 강화하고 이해력을 향상시킨다고 보았다. 예를 들어, 쿠치르코바(Kucirkova)는 아동이 등장인물을 사용하여 자신만의 이야기를 만들도록 유도하는 것과 같은 인터랙션이 스토리의 회상에 매우 도움이 된다고 말했다(Barshay, 2021). 그러나 스토리와 관련이 없는 디지털 그림책은 부정적인 영향을 미칠 수 있다. 특히 스토리 앱에 내장된 짧은 게임은 아동이 스토리에 집중하지 못하고 주의를 산만하게 만든다. 이는 디지털 책에 대한 아동의 이해력이 떨어지는 이유로 볼 수 있다(Furenes, Kucirkova, & Bus, 2021).

㉤ 성인의 지도

메타 분석 결과에 따르면, 디지털 그림책을 읽는 것과 성인의 지도를 받으며 종이 그림책을 읽는 것 사이에 큰 차이가 없다. 이는 성인의 스캐폴딩과 디지털 그림책이 유사한 효과가 있음을 시사한다. 책 읽기 지도의 기본 가정은 성인이 이야기의 세부적인 내용을 안내하고, 줄거리에 대한 의견을 제공할 때 아동의 학습이 향상된다는 것이다(Furenes, Kucirkova, & Bus, 2021). 롸체우 등(Rvachew et al., 2017)은 디지털 그림책에 질문을 포함시켜 성인의 스캐폴딩을 촉진하려 했지만, 이는 이야기 이해력에 도움이 되지 않았다. 이 외에도 여러 연구가 디지털 그림책의 강화 요소가 부모의 지도와 결합하기 어려움을 시사한다. 인터랙티브 기능이 있는 디지털 그림책은 종이 그림책에 비해 스토리와 관련된 상호작용보다는 스토리와 무관한 상호작용을 더 많이 유도하는 경향이 있다. 스토리와 관련된 상호작용에는 명명하기, 이야기의 특징을 정교하게 표현하기 등이 있으며, 스토리와 무관한 상호작용에는 디지털 기기 자체나 그 기능에 대해 대화하기, 손을 밀어내기 등이 있다(Chiong et al., 2012).

2) 주요 디지털 요소

(1) 화면 구성 요소

언뜻 보면 종이 그림책과 디지털 그림책은 시각적 이미지가 크게 다르지 않아 보일 수 있다. 그러나 아날로그 그림책 형식을 디지털 화면에 맞추기 위해서는 이미지를 변경해야 한다. 예를 들어, 종이 그림책에서 두 페이지에 걸쳐 펼쳐진 이미지를 디지털 화면에 맞추기 위해서는 이미지의 일부를 자르거나 가로세로 비율을 조정해야 하는 경우가 있다. 이러한 경우 이미지나 디자인의 특징이 바뀌게 된다. 또한 종이에서 화면으로 전환될 때 색상과 이미지의 품질이 변경될 수 있다. 예를 들어, 종이 그림책에서 차분했던 무광의 색상이 iPad에서는 자동으로 광택이 나는 색상으로 변할 수 있다.

많은 디지털 그림책에는 혼자 있을 때도 누군가가 읽어 주는 경험을 시뮬레이션할 수 있는 내레이션 기능이 포함되어 있다. 일부 앱의 경우 텍스트, 내레이션 또는 외국어로 전환할 수 있는 옵션을 제공한다. 배경음악, 음향효과 또는 내레이션이 성가시다고 사람들을 위해 이러한 기능을 비활성화할 수 있는 옵션도 제공된다.

애니메이션, 사운드 및 터치 인터랙티브 기능 외에도 디지털 그림책은 아동을 앱 외부의 콘텐츠(예: 웹사이트, 소셜 미디어 공간 또는 다른 앱)로 연결할 수 있다. 일부 앱에는 실제 물체와 환경을 디지털 플랫폼과 결합하는 증강 현실 기능이 있기도 하다. 특정 장면에 표시된 시각적 이미지, 디자인 요소 및 텍스트는 관련된 종이 그림책과 다르게 표시된다.

(2) 전환 기능

디지털 그림책이 종이 그림책의 또 다른 차이는 한 장면에서 다른 장면으로 이동하는 방식이다. 디지털 그림책 앱은 물리적인 페이지를 넘길 필요가 없고, 아동이 텍스트를 탐색할 수 있는 다양한 전환 기능을 제공한다. 어떤 경우에는 아동이 특정 지점을 터치하면 애니메이션 페이지가 화면을 가로지르는 방식으로 종이 그림책의 페이지 넘김을 모방하기도 한다. 다른 경우에는 아동이 화면의 특정 영역을 스와이프하거나 탭하면 다음 이미지가 즉시 나타난다. 전환은 취향에 따라 켜거나 끌 수 있는 효과음과 함께 제공되는 경우가 많다. 종이 그림책에서는 페이지 넘김 소리가 자연스럽게 발생하는 반면 디지털 그림책의 경우 일부 효과음은 페이지를 넘기는 소리처럼 들리기도 하지만, 스와이프와 탭 전환은 전통적인 독서 경험과 다른 다양한 효과음과 결합될 수 있다.

'나에게 읽어줘' 옵션은 내레이션이 진행됨에 따라 페이지가 자동으로 넘어가게 한다. 종이 그림책과 마찬가지로 아동은 앱에서도 페이지를 앞뒤로 넘길 수 있다. 두 가지 간 중요한 차이점은 다가올 페이지가 드러나는 방식에 있다. 종이 그림책이 좌우 페이지로 펼쳐 보이는 것과 달리, 디지털 그림책에서는 한 번에 하나의 장면만 제공된다. 때로는 화면에 나타난 장면이 종이 그림책 두 페이지의 이미지를 합성한 것이고, 또 때로는 페이지가 한 번에 하나씩 표시되어 독서 경험이 달라질 수 있다. 일부 그림책 앱은 각 페이지의 섬네일(thumbnail) 디스플레이를 제공하여 독자가 선택한 페이지로 즉시 이동할 수 있도록 한다.

(3) 인터랙션 기능

디지털 그림책의 가장 두드러진 기능 중 하나는 아동이 앱의 요소와 상호작용(interaction)하는 방식이다. 전자책에 일반화된 페이지 넘김 및 색인(indexing) 기능 외에도, 디지털 그림책 앱은 종종 아동에게 핫스팟을 제공한다. 이는 손가락으로 기기의 표면을 탭, 스와이프 또는 핀치하여 소리, 애니메이션 또는 추가 콘텐츠를 생성할 수 있는 화면의 특정 영역이다. 그림책 앱의 인터랙션 수준은 기본 전자 형식에서 정교한 하이브리드 및 사이버 앙상블에 이르기까지 다양하다. 하이퍼링크, 내장 비디오 클립 및 애니메이션, 음향효과, 배경음악, 열린 스토리라인 및 내레이션 등은 모두 텍스트가 아동에게 제공하는 인터랙션 유형에 추가된다. 일부 인터랙티브 기능은 아동을 그림책의 시각적 · 언어적 서사에서 벗어나 SNS나 게임 같은 구성 요소로 연결한다.

아동이 디지털 기기와 상호작용할 때 사용하는 동작을 인터랙션 제스처(interaction gesture)라고 한다. 이러한 제스처는 아동의 의도나 지시를 디지털 기기에 전달하는 것으로, 손가락을 통해 화면과 상호작용하는 터치(touch), 디지털 기기를 움직이거나 흔들거나 회전하는 모션(motion), 음성 명령으로 디바이스와 상호작용하는 스피치(speech), 마우스나 터치 리모콘 등을 사용하여 디바이스를 제어하는 컨트롤(control) 등 네 가지 유형으로 나뉜다. 디지털 그림책을 볼 때 아동이 주로 사용하는 인터랙션 제스처는 다음과 같다.

1. 탭(Tap) • 화면을 한 손가락으로 짧고 가볍게 터치하는 제스처 • 앱을 실행하거나 오브젝트를 선택할 때 사용 • 터치 횟수에 따라 싱글탭, 더블탭, 트리플탭으로 구분	
2. 더블탭(Double Tap) • 화면을 빠르게 두 번 터치하는 제스처 • 이미지를 확대 또는 축소하기 위해 사용 • 편집모드 전환 시에도 사용 • 실수로 인한 탭 방지를 위해 중요도가 높은 기능을 배치	

3. 프레스(Press) • 화면을 길게 꾹 누르는 제스처 • 터치 앤 홀드(Touch and Hold)라고도 표현 • 말풍선, 팝업과 같이 숨겨진 메뉴를 불러오거나 편집모드에서 텍스트를 선택하기 위해 사용	
4. 팬(Pan) • 화면에서 손을 떼지 않고 계속 드래그하는 제스처 • 방향과 시간의 제한은 없으며 손을 뗄 때까지 동작으로 인식 • 화면의 오브젝트를 이동시키거나 선 그리기, 이미지 위치를 이동하는 경우 사용	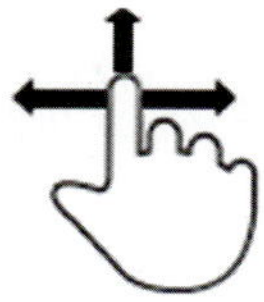
5. 드래그(Drag) • 손가락을 대고 있다가 정해진 방향으로 움직인 후 손가락을 떼는 제스처 • 오브젝트를 특정 영역으로 이동시킬 때는 드래그 앤 드롭(Drag & Drop)이라고도 표현 • 오브젝트를 이동시킬 때 사용 • 스와이프와 유사하지만 방향의 제한이 없는 것이 차이	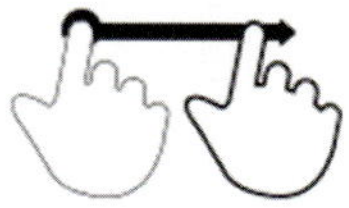
6. 스와이프(Swipe) • 화면을 터치한 상태로 드래그하는 제스처 • 직선 움직임이라는 제한이 있으나 시간의 제한은 없으므로 손가락을 뗄 때까지 동작으로 인식 • 수직 방향의 스와이프는 스크롤(Scroll)이라고도 표현	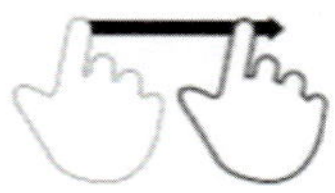
7. 플릭(Flick) • 수평 또는 수직으로 빠르게 미는 제스처 • 스와이프와 유사하지만, 비교적 빠르고, 화면에서 손가락의 움직임이 멈추기 전에 손가락을 뗀다는 것이 차이 • 새로고침하거나 숨겨진 메뉴를 열거나 다른 화면으로 넘길 때 사용	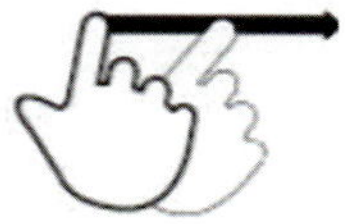
8. 핀치(Pinch) • 두 손가락을 화면에 터치한 상태에서 손가락 사이를 벌리거나 좁히는 제스처 • 확대(Pinch out) 또는 축소(Pinch in)를 위한 제스처이며, 두 손가락의 거리에 따라 확대값이나 축소값이 결정	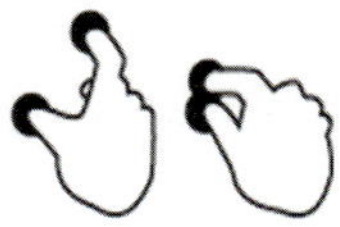
9. 로테이트(Rotate) • 두 손가락을 터치한 상태에서 손가락을 회전하는 제스처 • 이미지를 회전시킬 때 사용되며, 두 손가락의 거리에 따라 회전값이 결정	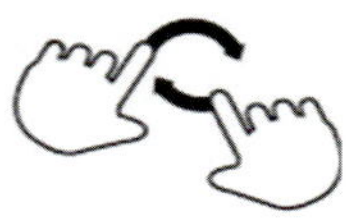

그림 2-5 주요 인터랙션 제스처

2 … 디지털 그림책의 과제 및 전망

1) 디지털 그림책 개발의 과제

앞서 소개한 디지털 그림책의 세 가지 유형의 기능을 고려할 때, 디지털 그림책으로의 혁명이 일어날 것으로 보인다. 따라서 이러한 기능들에 대한 정확한 이해를 통해 아동이 디지털 그림책의 기능을 어떻게 사용할 수 있는지, 교사가 교실에서 그것을 어떻게 통합할 수 있을지 고민해야 할 것이다.

(1) 맥락을 벗어난 기능

디지털 그림책의 일부 기능은 매력적으로 보이지만, 실제로는 아동을 책의 내용에서 벗어나게 만들 수 있다(Yokota & Teale, 2014). 예를 들어, 스토리 내용과 연계된 인터랙션 기능은 아동의 읽기에 긍정적 영향을 미치지만, 스토리와 관련이 없는 인터랙션 기능은 오히려 아동이 이야기의 진행을 따라가는 흐름을 방해할 수 있다. 따라서 놀이 이론의 기본 가정과 같이 스토리에 부합하는 목표, 인터액션 요소, 보상 및 인센티브, 그리고 점차 증가하는 도전 수준을 제공함으로써 아동이 디지털 그림책 읽기에 즐거움과 만족을 느낄 수 있도록 해야 한다(Kucirkova, 2019).

(2) 인터랙션 품질의 차이

많은 디지털 그림책이 터치스크린 인터랙션 기회를 제공하지만, 이러한 인터랙션의 품질은 앱에 따라 큰 차이가 있다. 예를 들어, 단순히 이미지를 터치하여 간단한 효과음이나 팝업 애니메이션을 유발하는 등 제한된 인터랙션 기능만 있는 앱들이 있다. 물론 풍부한 상호작용 기능을 제공하는 앱도 있지만, 모든 앱이 그런 것은 아니며, 심지어 기존의 종이 그림책을 거의 그대로 옮겨 놓는 경우도 있다(김민하, 2015; Barshay, 2021). 또한 자녀와 함께 책 읽기를 하지 않는 가족의 경우에는 디지털 그림책이 부모의 역할을 대신할 수 있기 때문에 사회 정의 차원에서도 품질을 개선해야 한다.

(3) 인쇄된 책의 제한점

종이로 인쇄된 책을 디지털 플랫폼으로 전환하기 어려운 경우가 있으며, 특히 종이 그림책을 디지털 앱 버전으로만 접근할 경우 특정 경험이 상실될 수 있다. 예를 들어, 종이 그림책에 등장하는 양면 페이지는 디지털 그림책으로 전환될 때 제한되며, 콘텐츠는 한 번에 하나의 화면에 표시되어야 한다. 또한 텍스트가 표시되는 방식도 인쇄 기반 버전에서 변경되는 경우가 많다. 텍스트가 시각적 이미지의 구성 요소였던 곳에서, 텍스트는 화면 하단의 별도의 텍스트 상자나 패널로 전환된다. 디자인의 사소한 변경 사항이 읽는 버전마다 의미를 변화시킬 수 있다.

2) 디지털 그림책의 지도 방안

피아제(Jean Piaget)에 의하면, 아동의 인지발달은 구체적이고 시각적인 사고가 추상적 사고로 지속적으로 전환되는 과정을 통해 이루어진다. 인지발달의 각 단계를 결정하는 핵심 요소는 아동의 인지구조의 수준이다. 따라서 아동의 인지 패턴을 파악하고, 이와 일치하는 읽기 자료와 인터랙션 방식을 선택하면 아동은 능동적으로 지식을 구성할 수 있다. 또한 피아제 이론의 핵심 아이디어는 사고가 행동에서 나온다는 것이다. 지능을 행동의 고유한 표현으로 본 피아제 입장에서 높은 지능이든 낮은 지능이든 모두 행동과 관련이 있다. 따라서 아동이 학습하는 가장 기본적인 방법은 자율적인 활동을 통해서이다. 즉, 행동은 주체(아동)와 객체(외부 조건)를 연결하는 매개체이며, 인지발달의 가장 직접적인 원천이다. 디지털 그림책을 읽을 때 아동은 그림의 내용을 통해 그림책의 줄거리나 문장의 내용을 더 잘 이해할 수 있다. 추상적인 개념의 이해를 돕기 위해 그림책에서는 내러티브 내용이 시각적 이미지로 표현된다. 그림책은 어린이의 인지적 특성에 부합하며, 인지적 구성에 중요한 물리적 토대를 제공한다(Li, 2024).

(1) 사전 단계

① 고품질 그림책 선택하기

디지털 그림책을 선택할 때는 콘텐츠의 품질과 교육적 가치에 주의를 기울여야 하며, 아동의 연령과 흥미에 적합한 우수한 작품을 선택해야 한다. 또한 디지털 그림책은 사용하는 기술적 요소나 인터랙션의 종류, 이용시간, 연령과 성격 등에 따라 영향을 미칠 수 있다. 따라서 디지털 그림책을 선택할 때에는 이러한 다양한 요소를 고려해야 한다.

② 합리적인 독서 시간을 마련하기

디지털 매체로의 과몰입은 공격성, 우울, 과체중, 시력 저하, 집중력 저하, 또래와의 부정적인 상호작용 등을 초래할 수 있다(남효순, 2023; Cain & Gradisar, 2010). 따라서 부모와 교사는 아동과 함께 디지털 그림책 읽기 시간을 합리적으로 정하고, 안전한 사용을 위한 규칙을 마련하는 것이 바람직하다.

③ 디지털 리터러시 역량 키우기

디지털 그림책을 읽기 전에 태블릿이나 스마트폰 등 디지털 기기가 잘 작동하는지 점검하고, 아동에게 디지털 기기의 올바른 사용법을 가르쳐야 한다. 아울러 인터넷 사용 시 주의 사항과 안전한 사용법을 교육할 필요가 있다.

(2) 읽기 단계

① 심층적 독서 지도하기

디지털 그림책은 성인의 지도 없이도 아동 스스로 반복 독서를 통해 효과적인 학습 성과를 누릴 수 있다. 성인이 함께하는 경우에는 독서 과정에서 아동이 심층적으로 읽고, 그림책의 줄거리, 주인공, 주제에 대해 생각하고, 독해 능력을 향상시키도록 지도해야 한다. 아동의 반응을 바탕으로 적절한 피드백을 제공하여 학습 동기를 높이고, 질문을 통해 아동의 이해도를 확인하거나 추가 설명을 제공하고 스토리의 내용을 아동에게 다시 이야기하게 할 수 있다.

② 인터랙션 유도하기

먼저 인터랙션을 통해 아동이 무엇을 배우고 경험해야 하는지를 명확히 인식하고, 아동의 발달단계에 맞게 난이도를 조절한다. 처음에는 간단한 클릭이나 터치로 시작하여 점차 복잡한 인터랙션으로 진행한다. 또한 아동이 인터랙션을 충분히 경험할 수 있도록 충분한 시간을 제공하고, 인터랙션 결과에 대해 즉각적이고 긍정적인 피드백을 제공한다. 중요한 인터랙션 요소는 반복적으로 경험하도록 하는 것도 좋다.

③ 전통적 독서와 균형을 유지하기

종이 그림책 읽기와 디지털 그림책 읽기의 균형을 유지하도록 격려하여 두 가지의 장점을 최대한 활용해야 한다. 종이 그림책과 디지털 그림책은 각기 고유한 특징과 장단점이 있다. 디지털 그림책이 갖고 있는 많은 장점에도 불구하고, 종이 그림책은 여전히 대체할 수 없는 가치가 있다. 또한 이미 읽었던 종이 그림책을 디지털 버전으로 다시 읽는 반복적인 독서도 유익하다. 예를 들어, 동일한 내용의 종이 그림책과 디지털 그림책을 제공하여 매체의 차이가 스토리에 대한 해석에 영향을 미치는지 이야기 나눌 수 있다.

(3) 후속 단계

① 확장 활동하기

디지털 그림책을 다 읽은 후 이야기와 관련된 후속 활동을 진행한다. 예를 들어, 스토리의 내용과 교훈에 대해 토론하거나 책의 내용을 바탕으로 그림 그리기, 이야기 다시 말하기, 또는 역할 놀이 등을 통해 학습 내용을 확장할 수 있다.

② 평가 및 개선하기

아동에게 디지털 그림책에 대한 의견을 묻고, 어떤 점이 재미있었는지, 어려웠던 점은 무엇인지 듣는다. 예를 들어, "어떤 인터랙션이 가장 재미있었나요?"와 같은 질문을 통해 아동이 인터랙션 경험을 공유하고 이야기할 수 있도록 한다. 아울러 아동이 디지털 그림책을 읽는 과정(예: 어떤 인터랙션 요소를 얼마나 자주 어떻게 활용하는지)을 관찰 평가한 결과를 바탕으로 지도방법을 지속적으로 개선한다.

제3장

디지털 그림책의 제작

1 … 디지털 그림책의 일반적인 제작 과정

1) 디지털 그림책 제작 시 고려점

디지털 그림책도 기본적으로 그림책의 일종이므로 종이 그림책 제작의 기본 원리가 그대로 적용된다. 이를 바탕으로 다음과 같은 기준을 고려하면서 디지털 요소를 도입해야 한다. 이에 이 장에서는 다음 네 가지 방향에 따라 유아교육기관에서 디지털 그림책을 제작하고 활용한 사례를 소개하고, 제4장부터 제12장까지는 이러한 방향에 따라 아홉 가지 전래동화를 각기 다른 디지털 그림책 유형으로 제작하는 방법을 구체적으로 제공하고자 한다.

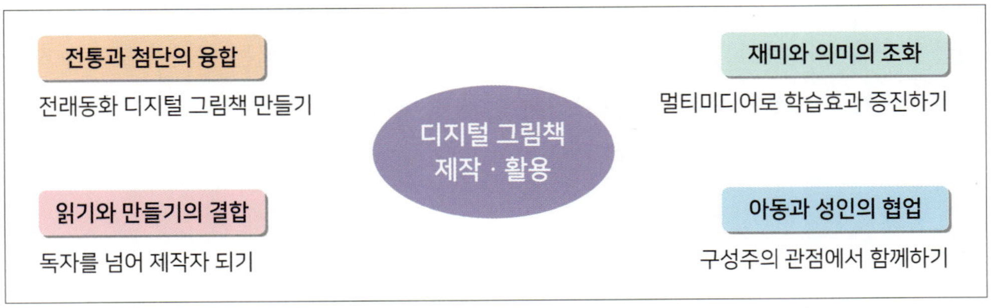

그림 3-1 디지털 그림책 제작 · 활용 방향

표 3-1 디지털 기술 도입 기준

기준	내용
흥미	• 아동의 흥미를 고려한 내용이어야 함 • 아동에게 의미를 제공하고 흥미를 주는 주제여야 함 • 사물이 실제처럼 구체적으로 표상되어야 함 • 아동이 분명히 지각할 수 있도록 그래픽이 내용과 관련되어야 함
참여	• 이야기와 관련된 글쓰기, 그림 그리기 같은 적극적 개입으로 상호작용이 구성됨 • 이야기의 빈 부분을 상상하여 채워 넣을 수 있도록 상호작용을 제공함 • 자신이 직접 참여하여 조작하는 것과 같은 1인칭 상호작용을 제공함
교육	• 아동의 상상력과 호기심을 자극하여야 함 • 음성언어를 사용할 수 있어야 함 • 의미 있는 그림이 음향과 함께 피드백으로 주어져야 함 • 이야기와 연결된 창작 활동을 지원할 수 있도록 해야 함 • 이야기와 관련된 내용을 공유할 수 있도록 해야 함
내용의 적합도	• 내용이 아동의 직접적인 경험과 연결되어야 함 • 아동의 아이디어를 내용에 반영시킬 수 있어야 함 • 행동이 결과로 이어진 것을 인지할 수 있도록 해야 함

출처: 하광수(2019).

2) 디지털 그림책의 제작 단계

제이크스와 브레넌(Jakes & Brennan, 2005)은 디지털 그림책의 제작 과정을 1단계 쓰기(writing), 2단계 스크립트 개발하기(develop script), 3단계 스토리보드 만들기(storyboard), 4단계 자원 찾기(locating resources), 5단계 디지털 스토리 만들기(creating the digital story), 6단계 공유하기(share)로 제시하고 있다. 1단계에서 3단계는 학생이 디지털 도구를 사용하기 전 교실에서 이루어지고, 4단계에서 5단계는 디지털 도구를 사용하며, 6단계는 교실이나 온라인을 포함한 다른 장소에서 실행할 수 있다. 각 단계의 내용을 구체적으로 살펴보면 다음과 같다(양지선, 2024).

표 3-2 디지털 그림책 제작 단계

	단계	내용
1단계	쓰기 (writing)	스토리 주제를 계획하고 브레인스토밍한 후 교사와 친구들과 토의하면서 초안을 만든다.
2단계	스크립트 개발하기 (develop script)	스토리를 만들기 위해 대본을 작성한다. 내러티브에서 나온 대본은 스토리의 의미를 전달하고 스토리를 재구성하는 역할을 한다.
3단계	스토리보드 만들기 (storyboard)	스토리의 흐름을 정리하고 시각적으로 계획하는 것이 중요하다. 이 과정을 통해 대본의 특정 부분에 연결될 이미지의 종류를 결정하거나 직접 그릴 수 있다.
4단계	자원 찾기 (locating resources)	검색도구를 사용하여 등장인물이나 배경 이미지를 찾는다.
5단계	디지털 스토리 만들기 (creating the digital story)	아동이 자신이 사용할 수 있는 편집 소프트웨어 프로그램을 사용하여 시각 자료, 사운드, 캡션 혹은 텍스트를 병합하여 디지털 스토리를 만든다.
6단계	공유하기 (share)	최종 결과물을 유튜브, 학급 웹사이트, 블로그 또는 인터넷 사이트에 업로드하여 공유한다.

2 ··· 디지털 그림책 제작을 위한 기본 기술

1) 스토리

종이 그림책과 마찬가지로 디지털 그림책에서도 공간과 시간, 사건이라는 일련의 진행 상황을 기술할 수 있는 표현 형식과 서사성을 충분히 드러내야 한다(김진곤, 2019). 디지털 그림책 제작을 위해 무엇보다 먼저 동화 내용을 구성해야 하는데, 여기에는 여러 가지 방법이 있다.

(1) 그림책 내용 창작하기

그림책을 창작할 때는 먼저 주제를 정하는 것이 중요하다. 아동들이 흥미를 가질 만한 주제를 선택하고, 그에 맞는 캐릭터를 설정한다. 주인공의 성격, 외모 그리고 배경을 구체화하고 스토리라인을 시작, 전개, 클라이맥스, 결말로 구성하여 긴장감과 흥미를 유도한다. 이 과정에서 상상력을 발휘하고, 다양한 이야기 전개를 시도하여 독창적인 내용을 만들어 낸다.

(2) 기존 그림책 변형하기

기존의 유명한 그림책이나 이야기에서 영감을 받아 새로운 시각으로 재구성하는 것도 효과적인 방법이다. 예를 들어, 전래동화 『의좋은 형제』의 주인공들을 동물로 의인화하거나 『신데렐라』 등장인물들의 성격을 반전시켜 새로운 갈등을 만들어 낼 수 있다. 이 과정에서 원작의 메시지를 유지하면서도 새로운 창작물을 만들어 내는 것이 중요하다. 혹은 원작의 3인칭 시점을 1인칭 시점으로 바꿔서 서술할 수도 있다.

(3) 아동과 함께 그림책 내용 만들기

아동과의 협력은 그림책 창작에 있어 매우 가치 있는 접근 방식이다. 아동들과 함께 브레인스토밍을 진행하여 이야기의 주제나 캐릭터를 구상하는 활동은 아동 자신을 주인공처럼 느끼게 하여 이야기에 더 깊이 몰입하게 한다. 아동과의 협업은 어린 시기부터 가능하다. 너무 어려서 이야기를 구성하기 어려워한다면 생성형 인공지능의 음성 기능을 통해 단어를 입력하게 할 수 있다.

(4) 생성형 인공지능을 이용하여 그림책 내용 만들기

생성형 인공지능을 활용하여 그림책 내용을 효율적으로 만들어 낼 수 있다. 그림책의 주제를 정하고 인공지능에게 입력할 키워드를 준비한다. 인공지능에 주제와 관련된 간단한 프롬프트를 입력하여 기본 스토리라인을 생성하고, 주요 캐릭터의 성격과 배경을 설정한다.

그림책 스토리를 만들 수 있는 생성형 인공지능은 다양하다.

표 3-3 생성형 인공지능의 예

종류	특성
챗지피티 (Chat GPT)	OpenAI가 개발한 GPT-3 모델은 매우 강력한 텍스트 생성 능력을 갖고 있으며, 사용자가 주는 간단한 문장을 바탕으로 긴 글을 작성하거나, 소설, 기사, 블로그 포스트 등을 생성한다.

코파일럿 (Copilot)	GitHub와 OpenAI가 협력하여 개발한 도구로 코드 작성뿐만 아니라 설명서나 주석을 자동으로 생성한다.
뤼튼 (Writen)	한국에서 개발된 인공지능 기반 글쓰기 도구로, 다양한 글쓰기 템플릿을 제공하고, 문법 및 스타일 교정을 도와주는 기능이 있다.

이 중에서 Chat GPT를 소개해 보겠다.

사용방법	
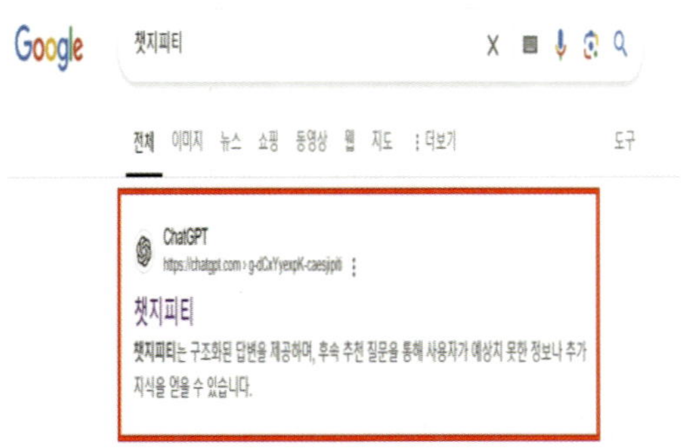	1. 구글 크롬 브라우저에서 Chat GPT를 검색하여 접속한다(https://chatgpt.com).
	2. Chat GPT 인터페이스를 실행하여 동화 내용 작성을 위한 텍스트를 입력한다. **프롬프트** 예 "선녀와 나무꾼 동화를 만 3~5세 아동들의 발달 수준에 맞게 각색해 줘. 교육적이고 교훈이 있는 내용으로 적어 줘. 등장인물은 선녀, 나무꾼, 사슴으로 대사가 있었으면 좋겠어."
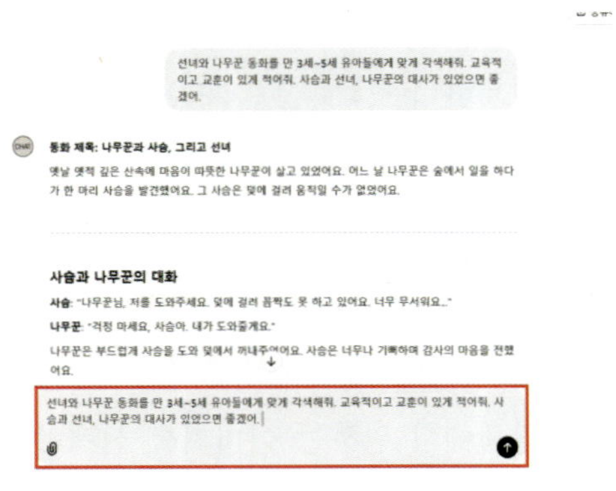	3. 의도한 그림책 내용이 나올 때까지 프롬프트를 수정하여 입력한다.

프롬프트 작성 팁

1. 원하는 내용을 명확하고 구체적으로 지시한다.
   예 "모험을 떠나는 고양이의 이야기를 써 주세요."
2. 주제나 배경에 대한 정보를 추가하여 인공지능이 더 잘 이해할 수 있도록 한다.
   예 "어린이를 위한 재미있는 동화를 만들고 싶어요. 동화의 주인공은 신비스러운 숲을 탐험하는 내용이 추가되었으면 좋겠어요."
3. 원하는 글쓰기 스타일이나 톤을 명시한다.
   예 "부드럽고 친근한 어조로 이야기해 주세요."
4. 특정 요소나 길이를 지정하여 결과를 조정한다.
   예 "20문장으로 작성해 주세요."

2) 삽화

디지털 그림책은 기호언어인 글을 시각언어인 그림으로 전환함으로써 아동의 상상력을 제한하기도 하지만, 구상화된 형태를 통해서 보다 뚜렷한 직관을 가질 수 있게 한다. 종이 그림책의 경우에는 글을 통한 다양한 서술이 가능하다. 그러나 디지털 그림책은 장면이 제한되어 있으므로 시각적 구성 측면에서 개연성을 확보할 방안이 필요하다(김진곤, 2019). 등장인물이나 배경 등의 그림은 다음과 방식으로 그릴 수 있다.

(1) 직접 그리기

디지털 그림책도 선택에 따라 일부 삽화는 손으로 그릴 수 있다. 이 경우 아동이 함께 참여하는 것이 바람직하다. 먼저 그림책의 주제를 아동에게 설명하고 그에 맞는 캐릭터나 장면을 구상한다. 색연필, 수채화, 마커 등 다양한 미술 재료로 그림을 자유롭게 그릴 수 있도록 격려한다. 또한 태블릿이나 PC의 그림판을 이용하여 그릴 수도 있다. 이 경우 그림 파일은 다양한 형식으로 저장할 수 있지만, PNG 파일로 저장해야 배경에 구애받지 않고 사용할 수 있다.

(2) 기존 그림책을 이용하기: 누끼 따기

기존 그림책의 이미지를 활용하여 누끼를 따는 방법(배경 지우기)으로 창의적이고 독창적인 그림을 만들 수 있다. 이때 기존의 그림책에서 원하는 이미지를 선택하고, 저작권을 고려하여 사용 가능한 이미지를 선택하는 것이 중요하다. 이후 이미지 편집 소프트웨어(예: PowerPoint, Canva 등)나 스마트폰을 이용하여 배경을 제거하고 필요한 부분만 남기는 작업을 수행한다. 파워포인트와 스마트폰을 활용하는 방법을 소개해 보겠다.

사용방법	
	1. 파워포인트를 실행한다.
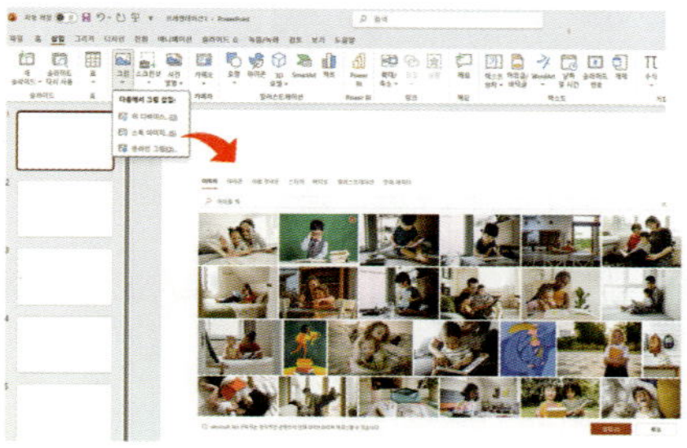	2. 상단 메뉴 중 [삽입]-[그림]을 눌러 필요한 사진을 가져온다. 또는 파워포인트 프로그램과 사진이 있는 폴더를 동시에 띄워 원하는 슬라이드에 [드래그 & 드랍]으로 사진을 가져온다.
	3. 사진을 더블클릭하면 상단 메뉴에서 그림 서식이 활성화된다. 다음으로, [그림 서식]-[배경 제거]를 클릭한다.
	4. 배경제거 시, 이미지 속에서 보라색으로 표시되는 부분이 생긴다. 이 부분이 배경으로 인식되어 삭제되는 영역이다. 사진에서 삭제를 원치 않는 부분이 있을 시, [보관할 영역 표시]를 클릭하여 수정할 수 있다. [제거할 영역 표시]를 클릭하여 원하는 곳을 드래그하면 이미지가 추가로 제거된다.

5. 상단 메뉴에서 [변경 내용 유지]를 클릭하면 보라색 부분이 삭제되고 선택된 영역만 남게 된다. 원하는 배경색이 있다면 배경을 채워 준다. 누끼 따기 완성!

Tip 스마트폰으로 손쉽게 누끼 따는 방법

실행방법

1) 갤러리 앱을 실행하여 편집할 사진을 불러온다.
2) 대상을 손가락으로 2~3초간 터치해 주면 인물이 배경에서 분리된다.
3) 화면을 터치한 상태에서 그대로 손가락을 떼어 내면, [복사하기, 공유하기, 이미지로 저장]의 메뉴가 확인된다.
4) '이미지로 저장'을 클릭하면, 사진첩에 PNG 파일로 저장된 이미지를 확인할 수 있다.

(3) 그리기 앱 또는 생성형 인공지능 이용하기

디지털 그림책의 삽화를 그리기 위해 사용할 수 있는 앱과 생성형 인공지능 도구는 다양하다. 그림 그리기 앱으로는 Procreate, Adobe Fresco, Clip Studio Paint, SketchBook 등이 있으며, 이들은 각각 강력한 드로잉 기능과 직관적인 인터페이스를 제공한다. 생성형 인공지능 도구로는 DALL-E와 Midjourney, 라이팅젤 등이 있으며, 이들은 텍스트 설명을 기반으로 독창적인 이미지를 생성할 수 있다. 특히 라이팅젤은 인공지능 자연어 처리 모델 GPT-3을 활용하여 창작을 도와준다. 모든 결과물은 기존 창작물에서 가지고 오는 것이 아니라 인공지능이 완전히 새롭게 창작하는 것이므로 표절 문제에서 자유롭다. 저작권 역시 해당 사용자에게 귀속된다. 라이팅젤을 예시로 소개하면 다음과 같다.

사용방법	
	1. 웹사이트에서 '라이팅젤'을 검색 후 사이트에 접속한다(https://www.tinytingel.ai).
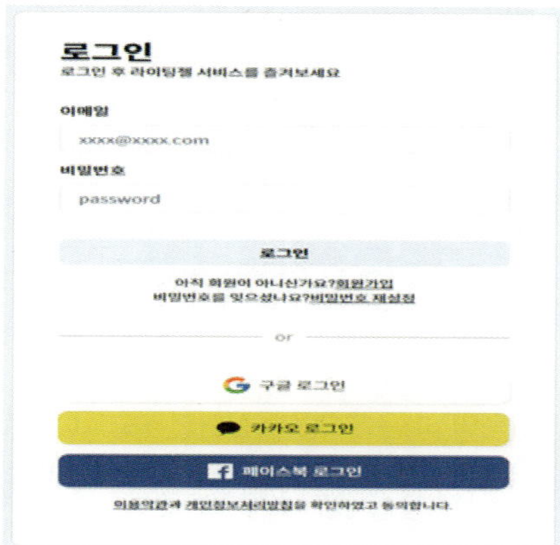	2. 회원가입을 한 후 로그인한다.
	3. AI 글쓰기를 클릭한다.
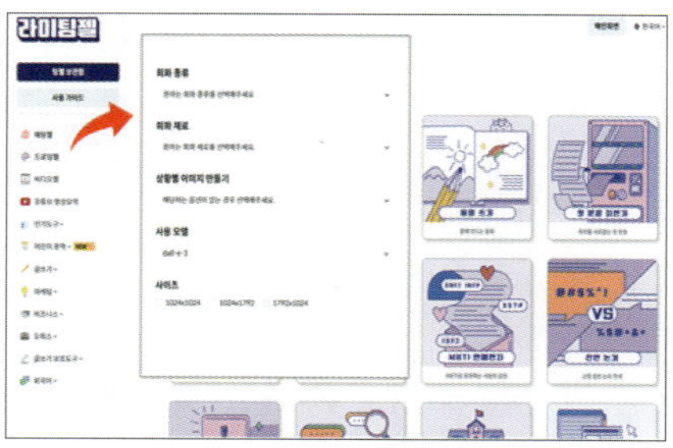	4. 좌측 메뉴 중 [드로잉젤]을 클릭한다.

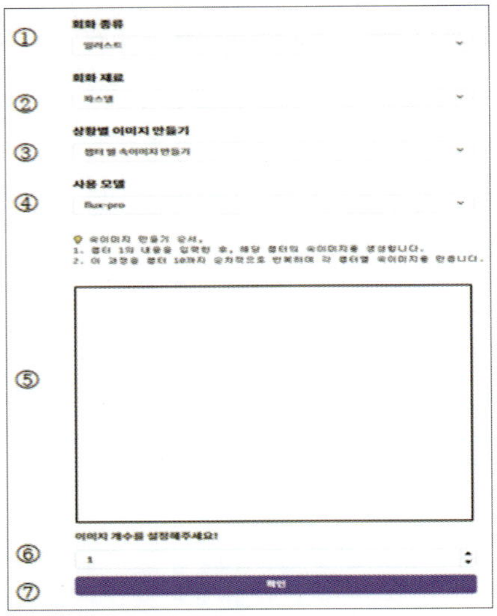

5. ①~⑦까지 순서대로 선택하고 작성한다.
   (작성 예시)
   ① 회화 종류: 일러스트
   ② 회화 재료: 파스텔
   ③ 상황별 이미지 만들기: 챕터 속 이미지 만들기
   ④ 사용 모델: dall–e–3
   ⑤ "숲속에서 자고 있는 하얀 토끼를 그려 줘."를 작성한다.
   ⑥ 이미지 개수: 1개
   ⑦ 확인 클릭

6. 생성된 그림이 마음에 들면 상단의 PDF 다운로드 또는 하단의 화살표를 클릭하여 저장한다. 다른 그림을 원할 경우 '새로 그리기'를 클릭하여 위 5번의 순서를 반복한다.

Tip
원하는 그림을 얻기 위해 새로고침을 하여 계속해서 다른 문장을 받아 볼 수 있으며 저작권 문제에서 자유롭다.

3) 녹음

아동들과 동화를 제작할 때 해설이나 등장인물의 대사를 스마트폰이나 녹음기, 다양한 녹음 애플리케이션을 이용해 직접 아동의 목소리로 녹음할 수 있다. 의사소통이 원활한 아동은 자신의 음성으로 이야기의 대사를 녹음하여 동화를 제작할 수 있지만, 영아의 경우 클로바더빙, 구글 텍스트 음성변환, Natural Reader 등 AI 성우를 활용해 대사를 녹음해서 사용할 수 있다. 클로바더빙을 예시로 소개하면 다음과 같다.

사용방법

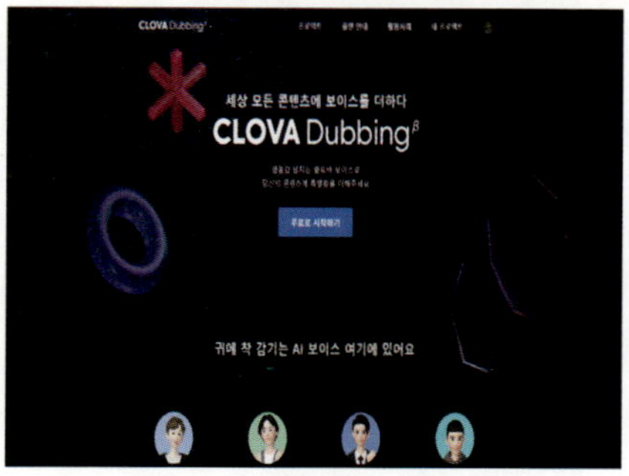

1. PC와 스마트폰 모두 제작 가능하지만, 큰 화면으로 작업할 수 있는 PC로 예시를 들었다.
   홈페이지 https://clovadubbing.naver.com에 접속한다.
   기존 네이버 계정이 있다면 로그인만 하면 된다.
   더빙에 앞서 동화의 스토리보드를 작성한다.

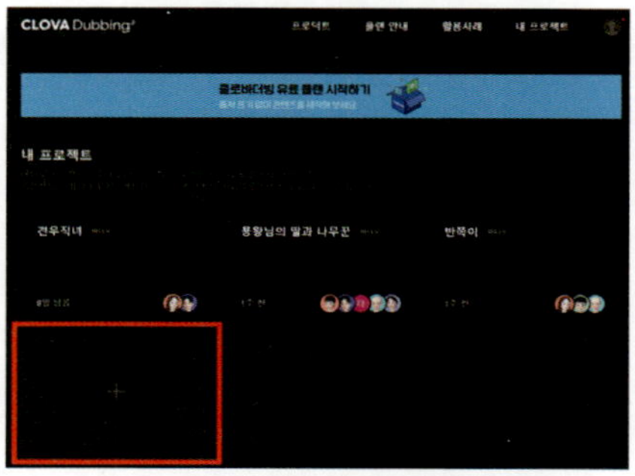

2. 프로젝트명을 작성한 후 [생성 버튼(+)]을 클릭한다.

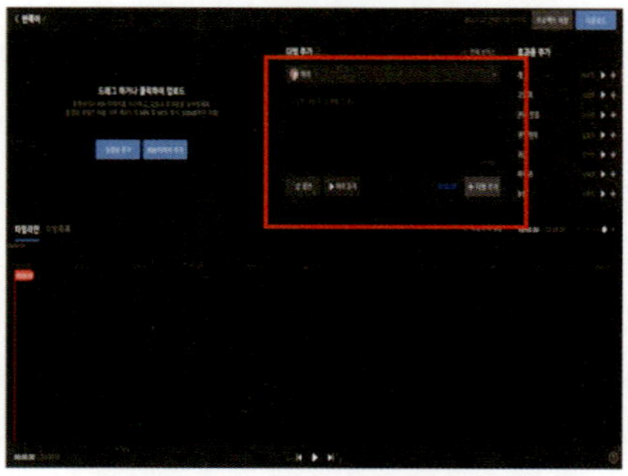

3. [더빙할 내용을 입력해 주세요.] 란에 더빙할 텍스트를 입력한다. 스토리보드의 해설과 인물의 대사를 문장별로 나누어 입력한다.

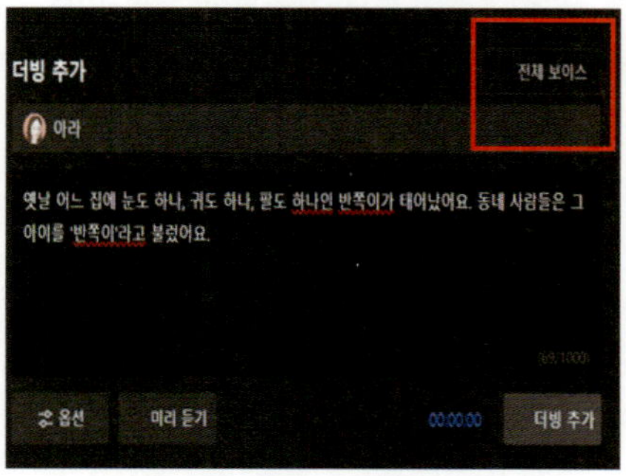

4. [전체 보이스]를 클릭하여 텍스트에 맞는 성우를 고른다. [재생▶버튼]을 눌러 [미리 듣기]를 해 보고 [즐겨찾기]를 해 놓는다. 즐겨찾기는 10개까지만 선택할 수 있으므로 필요시 삭제하고 추가한다. 좌측 상단의 [보이스 목록]을 클릭하여 작업 공간으로 이동한다.

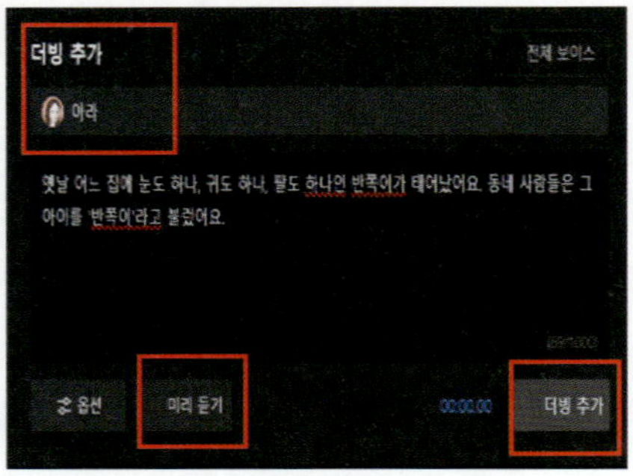	5. 성우를 클릭하여 텍스트에 어울리는 성우를 선택한다. [미리 듣기] 한 후 [더빙 추가]를 선택한다.
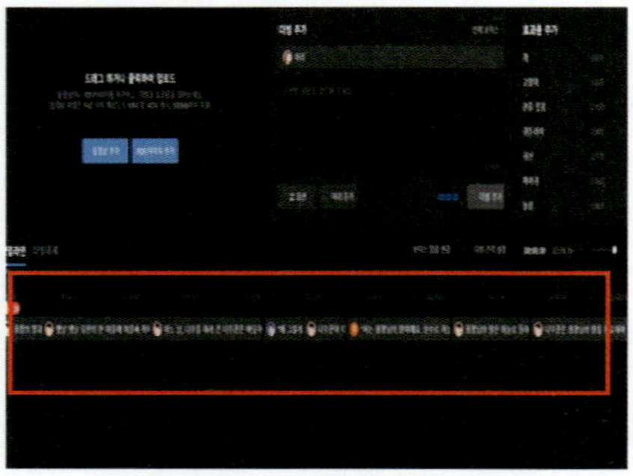	6. 위 3~5번 순서에 맞추어 스토리보드의 해설과 대사를 [더빙 추가]한다.
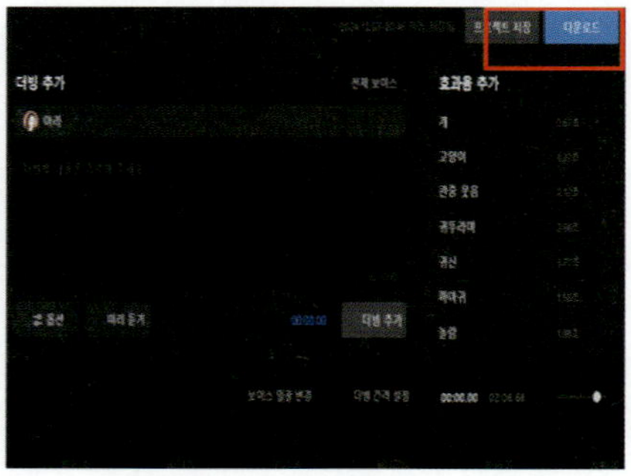	7. [미리 듣기] 한 후 변경 내용이 없으면 다운로드를 클릭하여 저장한다.

Tip

클로바더빙 서비스는 매월 15,000자 이내의 텍스트 작성 및 20회 다운로드가 가능한 무상 이용 혜택을 제공한다. 이 서비스는 비영리적 목적에 한해 이용할 수 있으며, 무상 이용 혜택은 매월 1일 기준으로 자동 갱신된다.

4) 편집

디지털 그림책을 만들 때 동영상 편집은 내용을 정리하고 통일감을 주는 데 꼭 필요한 과정이다. 이 과정에서 다양한 템플릿, 효과, 필터 등을 제공하는 영상 편집 프로그램은 창의적인 영상 제작을 보다 효율적으로 지원한다. 대표적인 프로그램으로는 VLLO, CapCut, VivaVideo, InShot 등이 있으며, 특히 VLLO는 직관적인 인터페이스를 통해 초보자도 손쉽게 사용할 수 있는 영상 편집 소프트웨어이다. VLLO를 예시로 소개하면 다음과 같다.

사용방법	
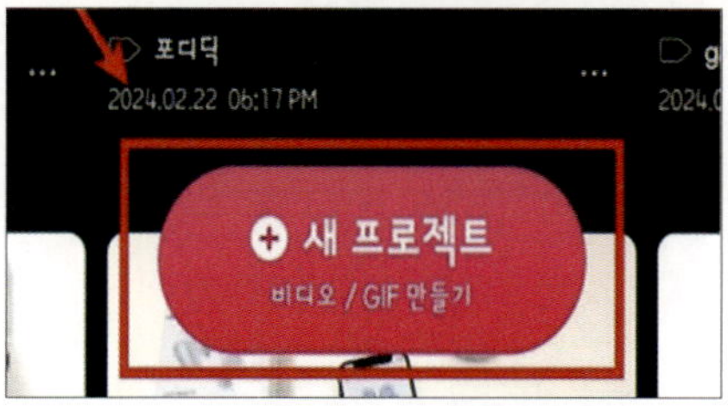	1. 앱스토어(ios)나 Google 플레이스토어(Android)에서 'VLLO'를 검색하고 다운로드한다. [새 프로젝트]를 눌러 동영상 만들기를 시작한다.
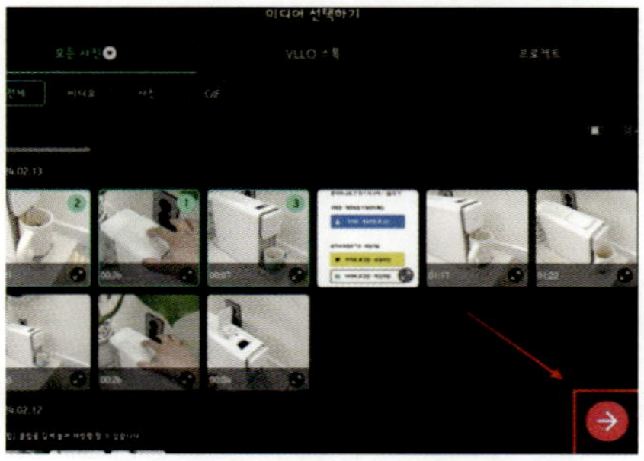	2. 작업하고자 하는 영상을 선택한 후 [제목]–[화면 비율]–[영상배치]–[사진 길이]를 설정하고 생성한다.
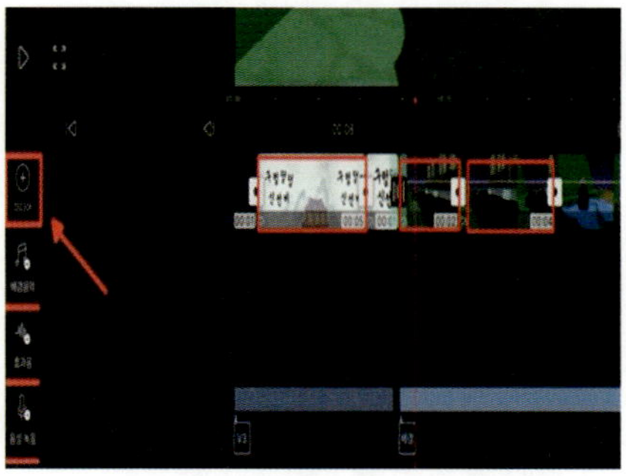	3. [⊕미디어] 버튼을 탭하여 원하는 장면에 사진이나 영상을 추가로 삽입한다. [배경 음악], [효과음 추가]를 탭하여 영상의 분위기와 어울리는 배경음악과 효과음을 넣는다. [음성 녹음]을 할 경우 음성이 들어갈 장면을 선택 후 빨간 버튼을 탭하여 음성 녹음을 시작하고 다시 빨간 버튼을 탭하여 정지한다. 녹음을 마친 후 [듣기]–[V 버튼]–[완료]를 탭하여 저장하거나 재녹음해야 할 경우 [삭제]한다. 음성 파일을 다른 위치로 이동해야 할 경우 [여기로 이동]–[V 버튼]을 탭하여 이동시킨 후 [완료]한다.

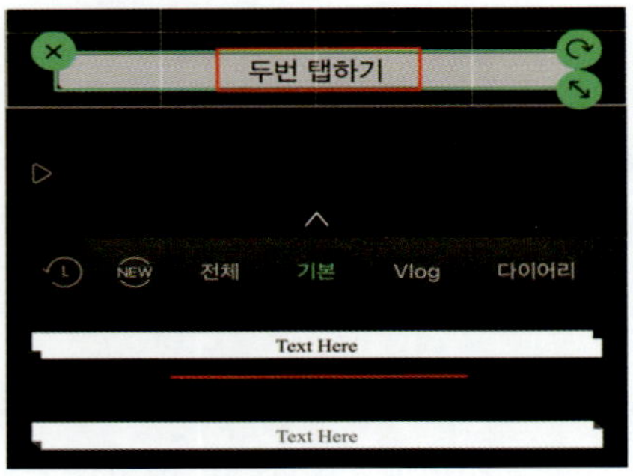

4. 하단의 [글자]를 탭하면 [글자], [라벨], [자막]이 나온다. 영상에 어울리는 것을 선택하여 원하는 디자인을 고르고 자막을 두 번 탭하여 작성한다. [V 버튼]–[완료]를 탭하여 완성한다.

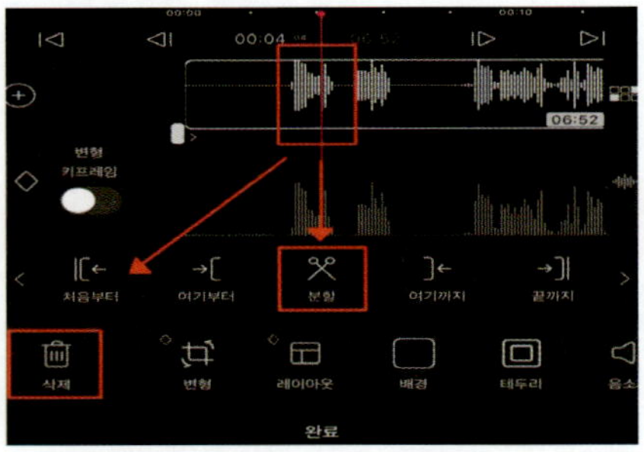

5. 영상의 필요 없는 부분을 선택하여 [삭제]를 눌러 제거할 수 있고, [분할]을 눌러 한 영상을 2개로 나눌 수 있다. [처음부터] [여기부터] [여기까지] [끝까지]를 탭하여 영상의 길이를 편집한다.

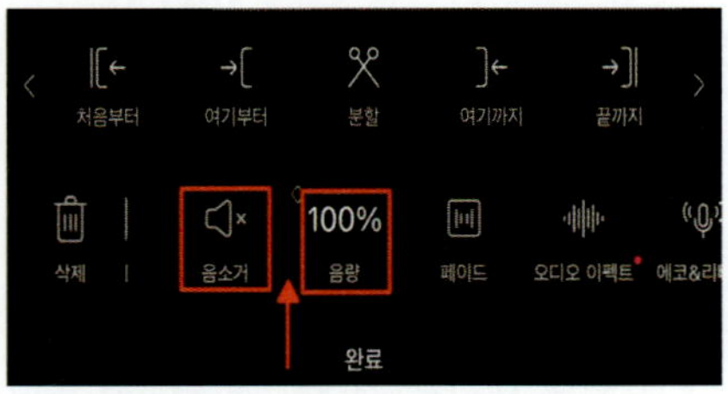

6. 영상의 음량을 편집할 때에는 [음소거] 또는 [음량]을 탭하여 영상에 어울리는 음량을 저장한다.

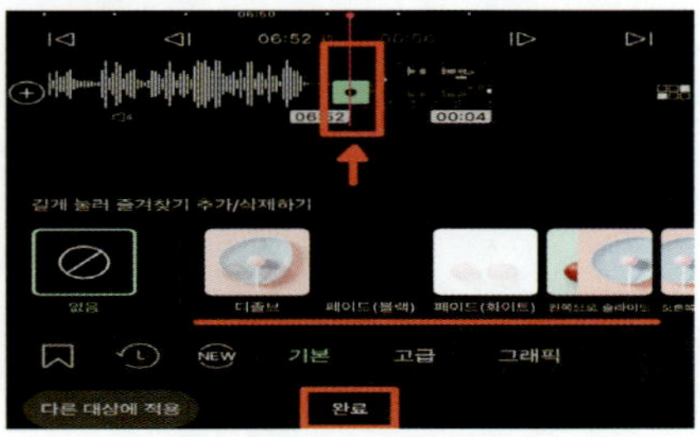

7. 영상 전환 시 효과를 추가한다.
영상 전환이 매끄럽지 못하면 영상과 영상 사이의 네모[그림 속의 작은 초록 네모박스 그림 첨부]를 탭하며 효과를 추가하여 다음 영상으로 전환 시 부드럽게 넘어가도록 한다.

8. 영상 완성 후 [추출하기]를 눌러 영상을 저장한다.

5) 출판

그림책을 완성하고 더 많은 독자에게 다가가기 위해 출판의 과정을 거친다. 출판을 통해 작품 품질을 높이고 수익 창출과 저작권을 보호한다. 출판 방식에는 세 가지가 있다. 출판사가 출간에 필요한 비용을 부담하는 기획출판, 제작비를 저자가 부담하는 자비출판 그리고 출판사와 저자가 비용을 나누는 분담출판이다. 전통적인 그림책과 달리, 디지털 그림책은 QR코드를 활용해 더 많은 독자에게 쉽게 전달될 수 있다.

QR코드(Quick Response Code)는 1994년 일본의 덴소웨이브(Denso Wave)에서 개발된 2차원 바코드로, 정보를 빠르고 간편하게 제공하기 위해 설계되었다. QR코드는 다양한 형식의 데이터를 저장할 수 있으며, 스마트폰이나 전용 스캐너를 통해 쉽게 읽을 수 있다. 최근에는 QR코드의 사용이 급증하면서, 여러 분야에서 활발히 활용되고 있다. 특히 아동이 접하는 동화책 등에서는 QR코드를 통해 오디오북, 애니메이션, 독후 활동 자료 등 다양한 추가 콘텐츠를 제공할 수 있어 큰 주목을 받고 있다. QR코드를 예시로 소개하면 다음과 같다.

사용방법	
	1. 네이버 검색창에 [QR코드 만들기]를 검색하여 접속한 후 [코드 생성]을 클릭한다.
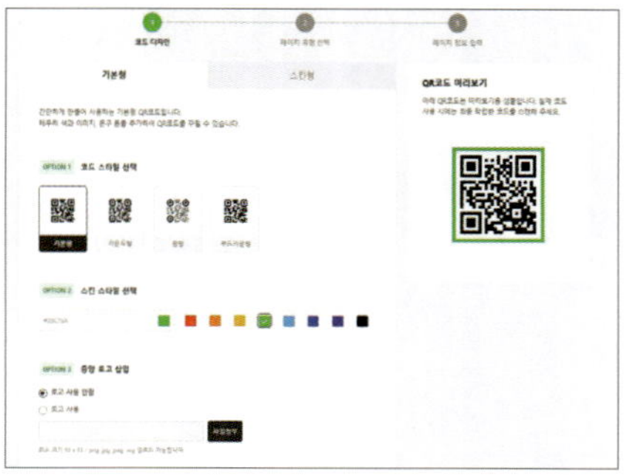	2. QR코드의 디자인을 선택한다. ① 기본형 or 스킨형 ② 중앙 로고 삽입 ③ 문구 첨부 ④ 문구 컬러 선택

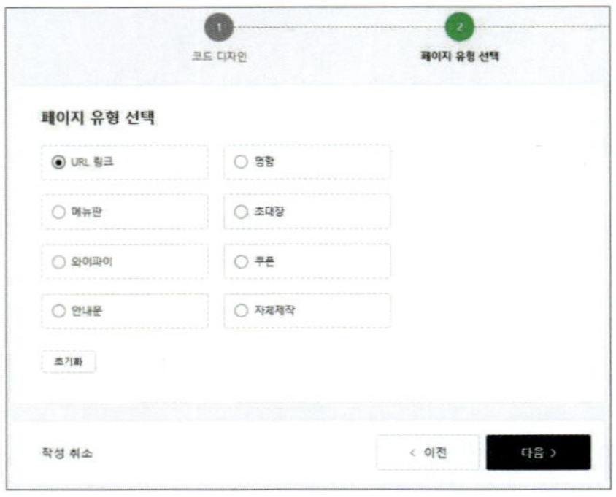

3. 디자인 선택 후 [다음]을 클릭하고 [페이지 유형 선택]을 한다.
   ① URL 링크: 웹사이트에 올려놓은 디지털 동화의 링크를 걸어 만들 수 있다.
   ② 자체제작: PC나 스마트폰에 저장된 디지털 동화 동영상이 있다면, [자체제작]을 선택하여 업로드할 수 있다.

4. 페이지 색상을 선택한다.
   [기본정보]에서 [페이지 제목]은 필수로 작성한다. 동화의 제목을 적는다.

5. 동영상의 URL 링크가 있는 경우 웹사이트에 올려놓은 디지털 동화의 링크를 첨부하고, PC나 스마트폰에 디지털 동화 동영상이 저장되어 있는 경우 동영상을 첨부한다.

6. 다음을 클릭하면 QR코드가 생성된다. 하단의 [코드 저장]이나 [코드 공유]를 클릭한다.

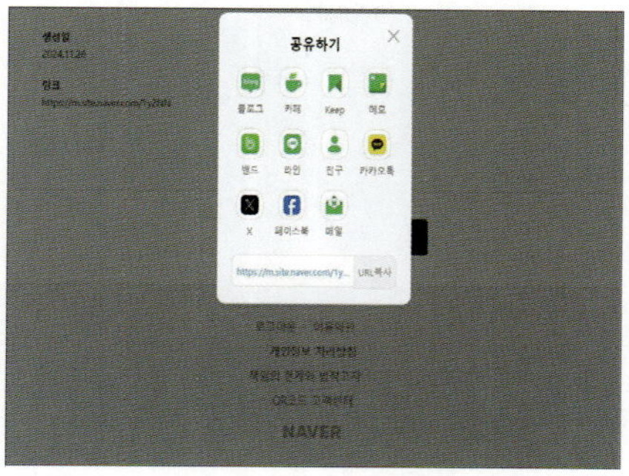

7. 생성된 QR코드를 GIF, JPG, PNG, SVG 등 총 네 가지 확장자로 다운을 받거나 카톡이나 메일, 페이스북과 같은 여러 채널로 바로 공유도 가능하다.

Tip

스마트폰에서뿐만 아니라 노트북이나 PC에서도 QR코드를 읽을 수 있다. QR코드스캐너(https://www.online-qrcode-generator.com)에서 읽기가 가능하다.

제2부

디지털 그림책의 실제

제2부에서는 전래동화를 다양한 유형의 디지털 그림책으로 개발한 사례를 소개하고자 한다. 먼저 문헌고찰을 통해 전래동화를 추출하고, 아동의 흥미를 끌 수 있고 인성교육에 적합한 9편을 선정하고, 각각의 전래동화에 적합한 디지털 유형을 선택하였다. 스톱모션, 생성형 인공지능 Chat GPT, AI 드로잉 도구 애니메이티드 드로잉, 프레젠테이션 도구 PPT, 디자인 도구 캔바, AR 웹 어셈블러, 엔트리 코딩, 메타버스 제페토, 게임 등 다양한 방법을 사용하였다. 제작 과정 및 제작 후 평가회를 통해 수차례의 상호 피드백과 전문가 자문을 받아 수정 · 보완하였다. 최종 완성된 디지털 그림책은 QR코드로 저장하고 공유하였다.

문헌고찰을 통한 동화 선정	• 우리나라 전래동화 – 아동의 흥미 및 발달적 적합성 – 교육적 의미
⬇	
글쓰기 및 그림 그리기	• 내용 또는 문체 바꾸기 예 의인화, 시점 전환, 아동언어화 • 등장인물 및 배경 그리기 • 자작 또는 생성형 인공지능 활용
⬇	
디지털 유형 선정	• 스톱모션, Chat GPT, 애니메이티드 드로잉, 파워포인트, 캔바, 어셈블러, 제페토, 엔트리 코딩, 게임
⬇	
디지털화	• 디지털 유형 특성에 따른 구상 • 디지털 유형 특성에 따른 제작 • 녹음 및 음향효과 넣기 • 편집하기 • 완성 작품 QR코드로 저장하기
⬇	
현장 적용 및 평가	• 제작 과정 중 상호 피드백 • 전문가 자문회의 • 발표회(연수)
⬇	
보고서 작성	• 개발 과정 및 참고 사항 등 목차에 따라 작성 • 개발 과정 시뮬레이션 후 수정 · 보완

그림 전래동화 디지털 그림책 개발 과정

제4장

스톱모션으로 그림책 만들기

1 … 스톱모션 그림책의 이해

1) 개념 및 역사

스톱모션(stop motion)은 애니메이션 제작 기법 중 하나로, 한 프레임씩 촬영한 후 대상에 동작을 부여하여 다시 촬영하는 과정을 반복해 움직임을 표현하는 방식이다(이혜진, 백재훈, 2003). 즉, 사진을 한 장씩 촬영한 후 이를 연결해 마치 대상이 살아 움직이는 것처럼 보이게 만드는 기술이다. 이러한 기법은 동화책과 결합하여 창의적인 디지털 학습 도구로 활용될 수 있다.

스톱모션 활동은 이야기를 만들고 이미지를 구상하며 소리를 결합하는 통합적인 과정을 포함한다. 이를 통해 아동은 자신만의 아이디어를 제안하고 자기표현 능력을 기를 수 있다. 또한 친구들과 상호작용하며 결과물을 공유하는 과정에서 협력적 태도가 함양된다. 이 활동은 놀이 중심의 접근 방식을 유지하면서도 미디어 도구를 활용하기 때문에 아동이 부담 없이 디지털 기술을 배울 수 있는 환경을 제공한다.

스톱모션을 활용한 그림책 제작은 디지털 기술과 결합해 애니메이션 효과를 만들어 낸다. 이 과정에서 아동은 스토리텔링과 창작 과정을 경험하며 문제 해결 능력과 창의적 사고를 키울 수 있다. 또한 교사와 아동이 협력하여 진행하기에 적합하고, 간단한 도구와 준비물로도 시작할 수 있으며, 놀이와 학습이 자연스럽게 융합되어 통합 교육적 가치를 제공한다.

특히 스톱모션 제작 활동은 창의성과 문제 해결 능력, 언어 발달을 촉진하는 데 효과적이다. 연구에 따르면, 스톱모션 제작 과정은 아동이 새로운 아이디어를 구상하고 이를 시각적 · 언어적으로 표현할 수 있도록 도울 뿐만 아니라, 스마트폰 애플리케이션을 활용한 제작 활동을 통해 디지털 미디어 기술과 통합적 사고 능력을 익힐 기회를 제공한다(유지영, 이정욱, 2021).

세계에서 최초의 스톱모션 애니메이션이 탄생한 것은 1899년, 아서 멜버른 쿠퍼(Arthur Melbourne Cooper)가 제작한 「성냥개비: 호소(Matches: An Appeal)」라는 작품이다. 이 작품은 9개의 성냥개비로 관절을 만든 사람을 스톱모션으로 표현하였다. 이후 1908년 아서 멜버른 쿠퍼는 실사 영화와 스톱모션을 결합한 「인형 나라의 꿈(Dream of Toyland)」을 제작해 다양한 인형이 현실에서 움직이는 모습을 담았다.

그림 4-1 Dream of Toyland(1908)

한국에서 스톱모션 애니메이션이 주목받기 시작한 것은 1990년대 후반「월레스 & 그로밋(Wallace & Gromit)」의 유명세 덕분이지만 이미 1963년에 박영일 감독이「잘 살 수 있는 길」을 제작하며 스톱모션 애니메이션의 역사가 시작되었다. 이 작품은 인형 스톱모션과 이미지 스틸 컷을 결합해 제작되었으며 게으름 반성과 경제 발전을 위한 국민의 역할을 강조하는 메시지를 담고 있다(박혜영, 2010).

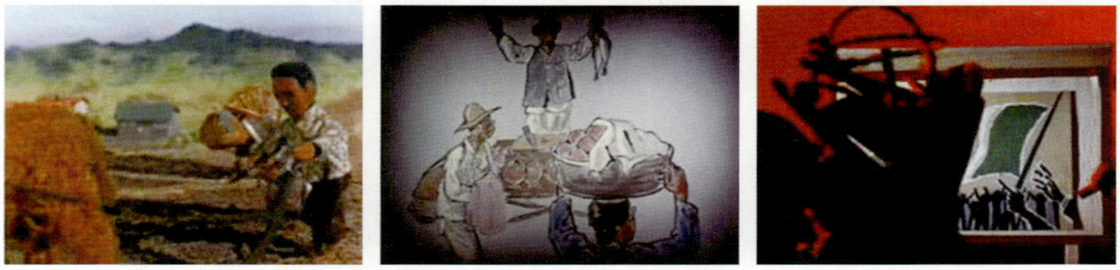

그림 4-2 잘 살 수 있는 길(1963)

2) 유형 및 특성

각각의 재료와 표현 방식에 따라 독특한 시각적 경험을 제공하는 스톱모션의 대표적인 유형은 다음과 같다.

(1) 클레이 애니메이션(Clay Animation)

클레이, 점토를 사용하여 캐릭터와 배경을 만들고 움직임을 연출한다.

그림 4-3 월레스와 그로밋: 전자바지 소동(1993)

출처: https://namu.wiki/w/%EC%9B%94%EB%A0%88%EC%8A%A4%EC%99%80%20%EA%B7%B8%EB%A1%9C%EB%B0%8B

(2) 퍼핏 애니메이션(Puppet Animation)

인형이나 모형의 세부적인 움직임을 통해 감정과 이야기를 생동감 있게 전달한다.

그림 4-4 유령신부(2005)

출처: http://m.cine21.com/movie/minfo/?movie_id=9718

(3) 오브젝트 애니메이션(Object Animation)

주로 초현실주의 작품들이나 광고영상에서 활용하는 것으로 일상적인 사물(장난감, 도구, 자연물 등)을 사용해 애니메이션을 제작한다.

그림 4-5 Fresh Guacamole(2012)

출처: https://www.youtube.com/watch?v=dNJdJIwCF_Y

(4) 컷아웃 애니메이션(Cut-out Animation)

종이, 카드, 뻣뻣한 천, 사진 등으로 자른 캐릭터나 배경을 평면에서 움직이며 촬영한다.

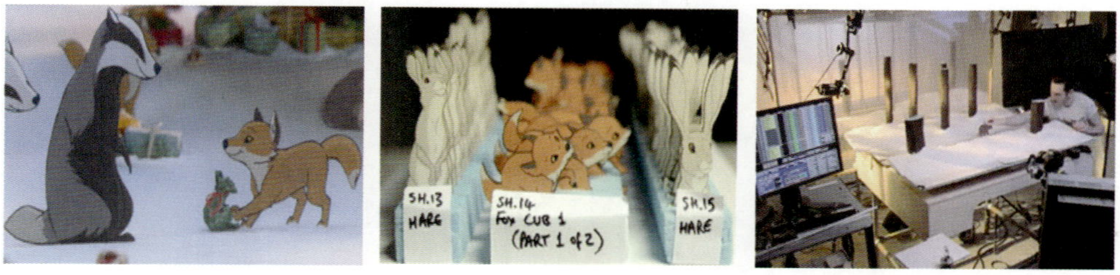

그림 4-6 The Bear & The Hare(2013)

출처: https://ckmakers.com/79/?bmode=view&idx=5833050
https://www.youtube.com/watch?v=96NozSJ5_3k&t=31s

(5) 픽실레이션(Pixilation)

실제 사람을 스톱모션 기법으로 프레임 단위로 촬영하여 배우의 움직임과 현실감을 극대화하여 독창적인 표현을 한다.

그림 4-7 Neighbours(1952)

출처: https://www.youtube.com/watch?v=8z95M_ktpr4

(6) 실루엣 애니메이션(Silhouette Animation)

검은 종이나 판지로 캐릭터와 배경을 오려 낸 후, 이를 프레임별로 조금씩 움직이면서 촬영하여 애니메이션을 완성한다.

그림 4-8 아흐메드 왕자의 모험(1926)

출처: https://www.youtube.com/watch?v=VnwrOBvZ4po

2 … 스톱모션 그림책의 특징

1) 장점 및 효과

- 종이, 인형, 클레이 등 다양한 재료로 캐릭터와 배경을 만들며 상상력을 발휘한다. 그리고 사물이나 캐릭터의 움직임을 설계하면서 아동은 상상 속 이야기를 시각적으로 구현하는 방법을 배우게 된다.
- 스톱모션 촬영 중 발생하는 오류(예: 움직임이 부자연스럽거나 프레임이 잘못 연결되는 문제)를 해결하며 논리적 사고와 문제 해결 능력을 기를 수 있다. 또한 대상을 직접 만지고 조작하는 과정에서 높은 흥미와 몰입을 경험할 수 있다.
- 스토리보드 작성 및 장면의 순서를 계획하면서 원인과 결과를 이해하는 논리적 사고가 발달한다.
- 복잡한 소프트웨어나 고급 장비 없이도 간단한 스마트폰 앱과 기본 재료만으로 제작 가능하다.
- 완성된 스톱모션 그림책 영상은 아동들에게 눈으로 확인할 수 있는 성과물로 남아 큰 성취감과 자부심을 느끼게 한다. 이 성과물은 가정에서 부모와 공유하며 학습의 결과를 즐길 수 있는 기회를 제공한다.

2) 단점 및 유의점

- 정교한 작품일수록 제작에 더 많은 시간이 소요된다. 한 프레임씩 촬영하고 이를 연결하는 과정은 많은 시간과 노력을 요구하기 때문이다. 따라서 아동들이 지치지 않도록 작업 시간을 적절히 분배하고 중간에 쉬는 시간을 포함해야 한다. 지나치게 긴 작업은 흥미를 잃게 만들 수 있다.
- 실물 기반 작업이므로 디지털 애니메이션처럼 복잡하거나 세밀한 움직임을 표현하는 데는 제한이 있다. 이로 인해 아동의 나이와 능력에 맞는 간단한 줄거리와 캐릭터 디자인을 선택해야 한다. 지나치게 복잡한 작업은 아동이 흥미를 잃거나 좌절감을 느끼게 만들 수 있다.

- 촬영 중 오류나 실수가 발생하면 초기 작업으로 돌아가야 하는 일도 있어 제작 과정이 번거로울 수 있다. 그래서 촬영 과정에서 일어나는 실수를 최소화하기 위해 초기 단계에서 간단한 연습이나 시범 촬영을 진행하는 것이 좋다. 또한 작업을 중간 단계에서 저장하거나 기록해 두는 것도 중요하다.
- 기본적인 장비(카메라, 스마트폰, 삼각대 등)와 재료가 필요하며 작업 공간도 요구된다. 이와 함께 클레이, 가위, 공예 재료 등을 사용할 때 다칠 위험이 없도록 안전하게 관리해야 한다. 그리고 작업 공간도 아동들이 자유롭게 움직일 수 있도록 정리된 상태를 유지해야 한다.
- 스마트폰 앱이나 간단한 장비로 제작할 경우, 정교함이나 질적인 면에서 전문 애니메이션과 비교해 부족하게 느껴질 수 있다. 따라서 교사나 부모는 지나치게 개입하거나 결과물에 대한 높은 기대를 보이지 않도록 주의해야 한다. 아동 스스로 작업하는 과정을 존중하며 독립적으로 성취감을 느낄 수 있도록 적절한 개입이 필요하다.

이처럼 스톱모션은 제작 시간이 오래 걸리고 정교한 기술이 필요하다는 점에서 단점을 가지고 있지만 스톱모션은 아동의 전인적 성장에 이바지할 수 있는 강력한 도구가 될 수 있다. 따라서 교사는 '어떤 동작이 아동의 상상력을 자극할 수 있을까?'를 생각하며 스톱모션의 장단점을 이해하고 교육현장에서 아동이 더 쉽게 활용할 수 있도록 준비해야 한다.

3 … 스톱모션 그림책의 제작 사례

1) 제작단계

<table>
<tr><th colspan="2">제목</th></tr>
<tr><td colspan="2">〈견우와 직녀〉
충청남도 아산 지역 전래동화인 『견우와 직녀』를
스톱모션 기법으로 제작한 디지털 그림책이다.</td></tr>
<tr><th colspan="2">준비물</th></tr>
<tr><td colspan="2">• 등장인물 그림: 견우, 직녀, 까치, 까마귀, 배경, 제목글
(마커, 색연필, 크레파스, 종이, 솜, 가위, 풀 등으로 유아들이 그린다.)
• 스톱모션 구현: 스톱모션(Stop Motion Studio)
• 전체 영상편집: 비디오패드(VideoPad/NCH Software)
• 자막편집: 브루(Vrew)
• 사진촬영: 스마트폰 카메라, 삼각대
• 이야기 녹음: 스마트폰 녹음기</td></tr>
<tr><th colspan="2">제작방법</th></tr>
<tr><td> 
</td><td>1. 기획하기
• 『견우와 직녀』 전래동화를 스톱모션 그림책으로 제작하기 위해 어떤 플랫폼을 사용할 것인지 정하고 제작 순서도 정한다.
• 구글플레이 또는 앱스토어에서 'Stop Motion Studio'와 'VideoPad' 설치 후 계정을 만든다.
• 'VideoPad'의 경우 전체 영상 편집 시에 사용되므로 PC 버전으로 다운받는 것을 추천한다.</td></tr>
<tr><td>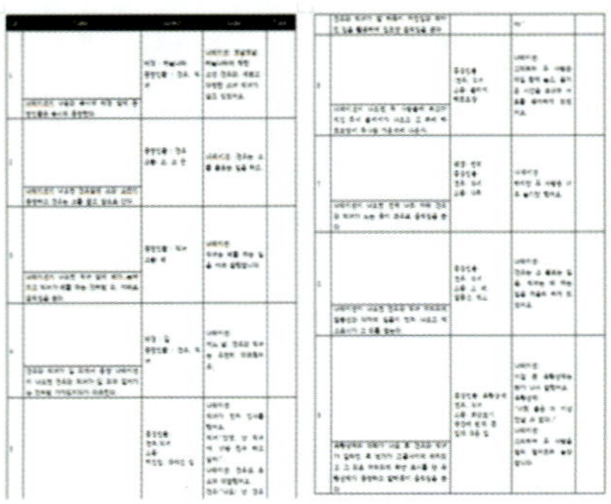</td><td>2. 각색하기
• 『견우와 직녀』의 전래동화 이야기를 도입, 전개, 결말의 스토리로 이야기 구조를 간결하게 계획한다.
• 등장인물과 배경의 이미지, 동작을 구상하고 개작한 동화 이야기의 내용을 확인하고 전체적인 흐름이 어색한 곳이 없는지 확인한다.</td></tr>
</table>

	3. 등장인물, 배경 제작하기 • 등장인물과 배경을 마커, 색연필, 크레파스 등을 활용해 그리고 채색한 뒤 가위로 오려 완성한다.
	4. 스톱모션 앱으로 촬영하기 • 스톱모션 앱으로 등장인물과 배경을 촬영한다.
	4-1. 촬영할 등장인물 준비하기 • 삼각대에 스마트폰/카메라를 고정해 흔들림이 없도록 촬영을 준비한다. • 조명이 있다면 고정하여 밝기가 일정하도록 유지하고, 그림자가 생기지 않도록 조명의 각도와 위치를 조정한다.
	4-2. 스톱모션 앱 실행하기 • 스톱모션 앱을 다운받아 실행한다. • [+] 새영화를 탭한다. • 우측의 [카메라 아이콘]을 탭하여 프레임별 사진 촬영을 준비한다.

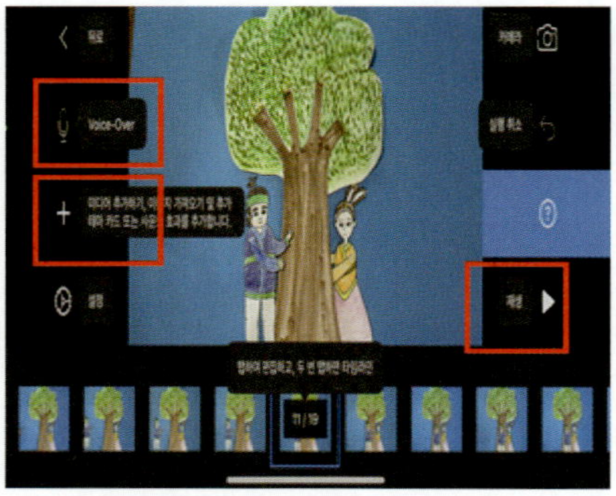	4-3. 촬영하기 • 가운데 빨간색 동그라미 [녹화 버튼]을 탭하여 촬영을 시작한다. • 사진을 찍는 도중, 작업한 분량이 어떻게 촬영되었는지를 보려면 [▶] 버튼을 눌러 확인할 수 있다. • 좌측의 마이크 모양(녹음 기능)을 이용해 목소리를 녹음할 수도 있다. • 좌측의 [+]는 이미지, 제목만들기, 프로젝트미디어 등의 기능을 가지고 있으나 유료 구매를 해야 한다.
 	4-4. 사진촬영 시 주의 사항 • 등장인물과 배경을 설정하고 동작에 변화를 주며 한 프레임씩 촬영을 한다.
	5. 녹음하기 • 핸드폰 녹음 기능을 이용해 개작한 동화의 시나리오를 녹음한다.
	6. 동영상 편집하기 • 비디오패드(VideoPad) 앱으로 동영상 파일 및 녹음 파일을 삽입하여 영상 편집을 한다.

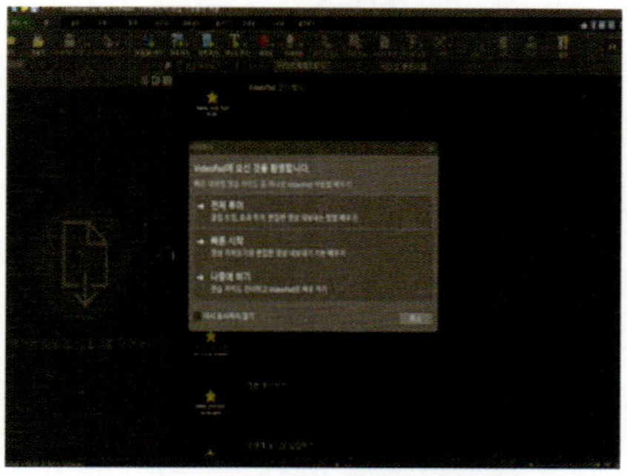	6-1. 비디오패드 실행 • 팝업창 '비디오패드가 비상업적, 가정용으로 사용되는지 확인하세요.'를 클릭하면 무료로 사용할 수 있다.
	6-2. 상단 좌측의 [열기]를 탭하여 동영상 파일을 연다. • 드래그 앤 드롭(Drag & Drop)으로 비디오트랙에 가져다 놓는다. 동일한 방법으로 녹음 파일을 열어 오디오트랙에 가져다 놓는다.
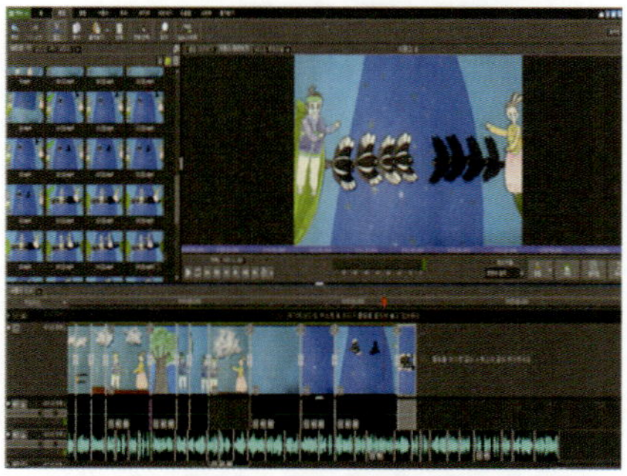	6-3. 스톱모션 영상 파일을 보면서 영상 속에 움직임 요소나 효과음을 넣는다. • 동화 시나리오를 녹음한 파일을 들으며 영상과 재생 시간을 맞춘다.
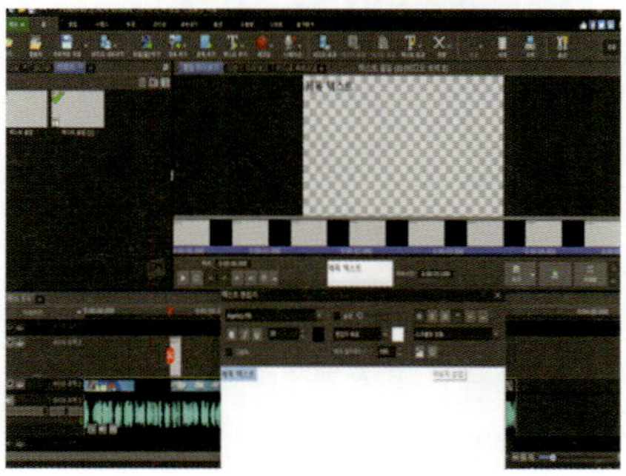	6-4. 상단의 [텍스트 추가]를 탭하여 자막을 만든다. • 입력한 자막을 하단으로 드래그하면 화면의 아래쪽으로 정렬할 수 있다.

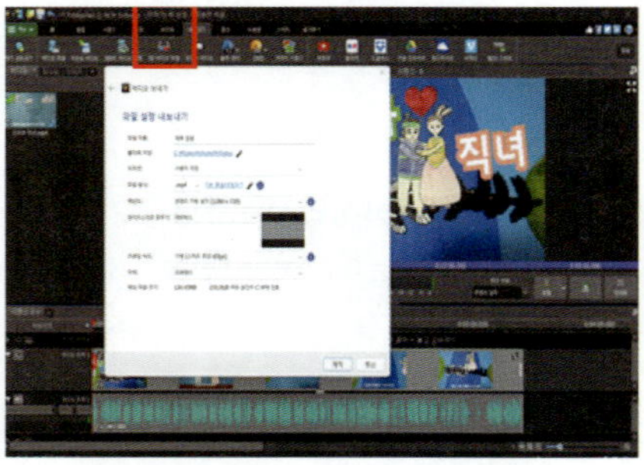	6-5. 상단의 [내보내기]-[비디오 파일] 순으로 탭하고 완성된 파일을 저장하여 완성한다.
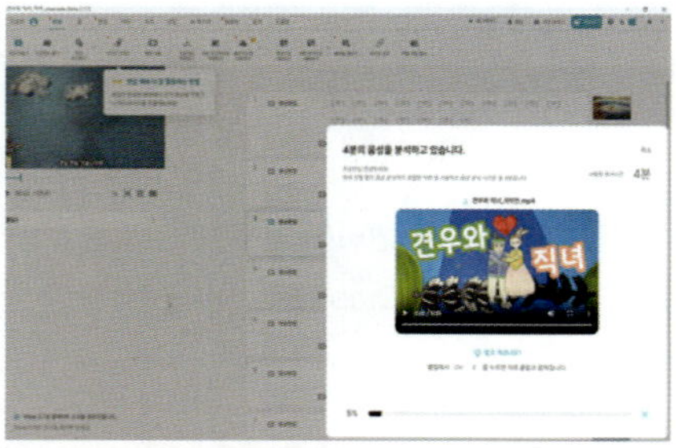	✔ **Tip** 브루(Vrew) 플랫폼 활용해 자막넣기 • 음성 녹음이 편집된 영상 파일을 브루에서 열어 음성 분석 기능을 통해 자막을 넣어 줄 수도 있다. • 영상을 확인하며 음성을 분석한 내용을 검토하고 오타나 잘못된 문장을 수정하여 정리한다.
완성본	

제작 시 유의 사항

- 스톱모션 앱은 사진을 바로 촬영하면 무료영상편집이 가능하지만, 미리 찍어 둔 사진을 불러올 때에는 유료버전으로 구입을 해야 한다.
- 장면과 소품 배치를 미리 계획해 시간 낭비를 줄이고 일관성을 유지해야 한다.
- 촬영 시 한 프레임씩 조금씩만 움직여야 자연스러운 흐름을 만들 수 있다.
- 카메라를 고정해서 흔들림 없는 촬영을 준비해야 한다.
- 조명을 고정하여 그림자가 생기지 않도록 일정한 밝기를 유지해야 한다.
- 일반적으로 초당 12~24프레임(fps)을 목표로 한다.

2) 동화 소개

(1) 유래 및 줄거리

충청남도 아산시 둔포면 시포리 설화는 '일곱 아들과 견우와 직녀'의 전설을 포함하고 있다. 그 설화의 내용은 다음과 같다.

옛날 옛적, 충청남도 아산시 둔포면 시포리라는 마을에 일곱 아들을 둔 한 어머니가 살고 있었어요. 어머니는 가난했지만, 열심히 일하며 아들들을 사랑으로 키웠답니다. 하지만 어느 날 어머니가 병으로 세상을 떠나게 되었어요. 그러자 일곱 아들은 너무 슬퍼서 매일매일 울었어요. 그 모습을 본 하늘나라의 신은 일곱 아들의 효심을 가엾게 여겨 하늘나라로 데려갔답니다. 하늘나라에서 견우와 직녀가 슬퍼하는 아들들을 보게 되었어요. 견우와 직녀는 어머니를 잃어 슬퍼하는 아들들을 따뜻하게 돌봐주며, 새로운 보호자가 되어 주었어요. 그러고 나서 일곱 아들은 하늘의 북두칠성, 일곱 개의 별이 되었어요. 이제 그들은 하늘에서 어머니와 사람들을 지켜 주는 특별한 별이 되었답니다. 한국에서는 북두칠성이 사람들을 지켜 주는 보호의 별이라고 믿습니다. 그래서 시포리의 설화에서도 일곱 아들이 북두칠성으로 변해, 하늘에서 사람들을 지켜 준다고 전해지고 있답니다.

-상명대학교 구비문학연구회(2005)-

(2) 교훈 및 교육 효과

- 이 전래동화는 '소중한 사람들과의 관계를 소홀히 하지 말고, 사랑과 책임을 다해야 한다'는 교훈을 준다. 이를 통해 아동은 가족과 친구를 소중히 여기는 마음을 배우며 사회관계 발달을 도모할 수 있다.
- 까마귀와 까치가 힘을 합쳐 견우와 직녀를 돕는 이야기를 통해 서로 협력하고 도움을 주고받는 행동이 중요한 가치를 지닌다는 것을 배울 수 있다.
- 아동이 장면연출과 촬영을 하면서 촬영 과정에서 발생하는 문제(캐릭터 균형 잡기, 배경 조정 등)를 해결하며 논리적 사고와 문제 해결 능력을 기를 수 있다.

3) 확장 및 활용

(1) 동화 확장 활동

- 견우와 직녀가 만나는 은하수를 별자리로 표현하기 위해 스티커, 구슬, 반짝이 등을 사용해 별자리 작품을 만들어 본다. 자신만의 별자리에 대해 이야기를 지어 보고 발표하는 활동으로 확장할 수 있다.
- 견우와 직녀가 은하수를 건너 만나는 이야기를 기반으로 '다리 만들기' 활동을 하며 과학적 사고와 구조 이해 능력을 기를 수 있다.

(2) 디지털 활용

- **나의 하루 기록하기**: 학급 아동들의 하루 일과를 스톱모션으로 기록하여 부모에게 제공해 줄 수 있다.
- **스톱모션으로 ESG 홍보물을 제작하기**: 환경의 날 즈음 아동과 함께 ESG 캠페인 주제와 내용을 만든다. 돌이나 꽃, 나뭇잎도 좋은 스톱모션의 소품이 될 수 있다. 돌에 표정을 그려서 등장인물로 활용할 수도 있다. 이러한 자연물들을 조금씩 움직이며 촬영해 본다(초당 12~24장의 사진). 완성된 영상은 홈페이지나 SNS에 올려 ESG 캠페인을 한다.

제5장

생성형 AI로 디지털 그림책 만들기

1 … 생성형 AI의 이해

1) 개념 및 역사

인공지능(AI)은 컴퓨터가 인간처럼 사고하고 학습하며 문제를 해결할 수 있는 기술의 총칭이다. AI는 광범위한 개념으로 하위개념으로는 머신러닝과 딥러닝이 있다. 간단히 말하면 머신러닝(Machine Learning)은 사람이 데이터를 정리(특징 추출)하고 컴퓨터가 이를 학습하는 것이다. 딥러닝(Deep Learning)은 머신러닝의 하위 분야로, 컴퓨터가 스스로 데이터를 분석하고, 특징을 추출하여 학습하는 것을 말한다. 생성형 AI(Generative AI)는 딥러닝의 한 분야로 주어진 데이터에서 새로운 콘텐츠(예: 텍스트, 이미지, 음악)를 생성하는 기술이다. 대표적인 예로 OpenAI의 GPT-3 같은 모델이 있다. 다음 그림과 같이 AI는 머신러닝을 포함하고 머신러닝은 딥러닝을 포함하며 딥러닝은 생성형 AI를 포함하는 계층적 관계를 가지고 있다.

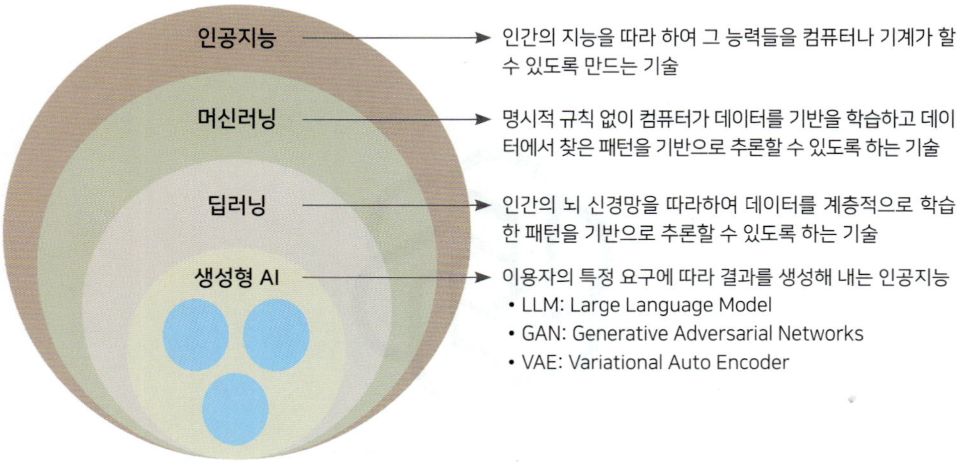

그림 5-1 AI와 생성형 AI와의 관계

출처: 조영임(2023).

AI의 역사는 1956년 다트머스 회의에서 인공지능이 정의되며 시작되었다. 1960년대와 1970년대에는 신경망 시스템이 개발되었고 1980년대에는 딥러닝 기법이 등장했지만 제한된 컴퓨팅 자원으로 인해 큰 성과를 거두지 못했다. 1990년대와 2000년대에는 인터넷과 빅데이터의 등장으로 머신러닝 알고리즘이 발전할 수 있는 기반이 마련되었다. 2010년대에는 GPU의 발전으로 딥러닝이 재발견되며 AI 기술이 급속히 발전하였다. 2014년 구글 딥마인드의 알파고가 프로 바둑기사 이세돌을 이기면서 AI의 가능성이 널리 알려졌다.

생성형 AI의 역사는 2010년대 초반으로 거슬러 올라가며 초기에는 주로 단순한 텍스트 예측 모델들이 사용되었다. 주어진 텍스트의 다음 단어를 예측하는 방식으로 작동했기 때문에 생성된 이야기들은 단조롭고 창의성이 부족한 경우가 많았다(Vaswani et al., 2017). 2018년 OpenAI가 GPT(Generative Pre-trained Transformer) 모델을 공개하면서 자연어 처리 분야에서의 가능성을 보여 주었다. GPT는 사전 훈련된 대규모 텍스트 데이터를 사용하여 언어의 맥락을 이해하고, 주어진 프롬프트에 따라 새로운 텍스트를 생성할 수 있었다. 2020년에는 GPT-3가 출시되었다. GPT-3는 1,750억 개의 매개변수를 가진 초거대 언어 모델로, 다양한 언어 작업을 수행할 수 있는 강력한 능력을 보유하고 있다. GPT-3의 성공에 이어 2023년 발표된 GPT-4는 더욱 향상된 성능과 효율성을 갖추고 있으며, 수조 개의 매개변수를 통해 더욱 복잡한 언어 작업을 수행할 수 있다. GPT-4는 특히 자연스러운 대화와 정확한 정보를 제공하는 능력이 강화되었다.

이와 같이 생성형 AI는 텍스트 생성, 번역, 챗봇, 콘텐츠 제작 등 다양한 응용 분야에서 활용되고 있으며, 향후 더욱 다양한 분야에서의 응용이 기대되고 있다. 그림책 분야도 예외가 아니다. 생성형 AI는 전통적인 동화뿐만 아니라 판타지, SF 등 다양한 장르의 이야기를 만들어 내고 동화 창작의 품질 향상을 이끄는 주요 기술로 평가받는다(Brown et al., 2020). 예를 들어, 지미니(Gemini)와 Chat GPT-4를 활용하여 동화책의 삽화를 만들고, 시간 소모가 큰 작업이나 구현이 어려운 작업을 다듬을 수 있다(한승우, 강성애, 2024). 사용자가 원하는 키워드나 주제를 입력하면 생성형 AI는 그에 맞는 동화책과 그림을 자동으로 생성하여, 아동이 직접 제작에 참여할 수 있게 한다. 이는 아동이 창의적으로 자신만의 이야기를 구성하고 표현할 수 있는 기회를 제공한다(한승우, 강성애, 2024).

우리나라에서도 생성형 AI를 활용해 아동의 수준과 관심사에 맞춘 맞춤형 자료를 제공하거나 이야기 속에서 윤리적 가치와 교훈을 전달하려는 시도가 이루어졌다(전혜리, 이상민, 박일이, 2021). 이는 AI 그림책이 단순한 텍스트 생성 도구를 넘어, 교육 콘텐츠 제공과 사용자 맞춤형 경험 창출로 확장되고 있음을 보여 준다. 또한 Plot Generator나 라이팅젤(Writing Gel)과 같은 생성형 AI를 이용하는 앱들이 출시되어 창작자의 효율성을 높이고 창의적 사고를 촉진하고 있다.

2) 유형 및 특징

(1) Chat GPT

Open AI가 개발한 Chat GPT는 생성형 AI의 대표주자라 할 수 있다. 소량의 학습 데이터를 확보하기 위해 챗봇 방식을 적용하는데 이용자가 대화창에 간략한 지시어(prompt)를 입력하면 Chat GPT는 정리된 결과물(텍스트)을 생성한다. 또한 글, 문장, 단어, 부호와 같은 언어로 결과물을 생성하는 AI 모델이다. Chat GPT가 문장을 생성하는 원리는 특정 단어 다음에 올 가장 적합한 단어를 예측하고 이것을 연결하여 문장을 만드는 것인데, 다음에 올 단어 예측에는 '트랜스포머(transformer)'라는 AI 모델이 적용되었다(우상근, 2021). GPT-3.5와 같이 대량의 파라미터를 적용하는 AI 모델을 '대규모 언어 모델(large language model: LLM)' 또는 '초거대 AI'라고 한다.

(2) 뤼튼

국내에서 개발된 뤼튼은 OpenAI 및 구글 API를 기반으로 하는 생성형 AI로서 자체 LLM(거대 언어 모델)은 없지만, 여러 생성형 AI 서비스를 기반으로 Chat GPT의 기능을 한국어에 최적화를 시킨 한국형 GenAI 플랫폼이다. 즉, 기존의 LLM을 파인튜닝(Fine-Tuning)한 한국형 Chat GPT를 제공하는 셈이다. 뤼튼은 현재 GPT-3.5, GPT-4 Turbo, GPT-4, GPT-3.5-16K, PalM2의 5개의 생성형 AI를 모아 주는 AI 통합 플랫폼으로 자리 잡고 있다. Chat GPT와 다른 점은 뤼튼은 Chat GPT 외에도 기타 생성형 AI를 목적에 따라 선택해 질문할 수 있고 외부 앱으로도 접속이 가능한 '플러그인 기능'을 제공한다(염민주, 2023).

(3) 기타 동화 만들기 앱

최근 몇 년간 자연어 처리(NLP), 생성 모델, 이미지 생성 기술을 활용하여 동화의 글과 그림을 자동으로 생성하거나 보조하는 AI 기반의 동화 만들기 앱들이 출시되고 있다. 이러한 앱들은 간단한 키워드나 주제를 입력하면 자동으로 이야기를 생성하거나, 기존의 이야기를 개선해 준다. 창작 과정의 효율성을 높이고 사용자에게 더 직관적이고 창의적인 작업 환경을 제공하는 동화 만들기 앱을 소개하면 다음과 같다.

표 5-1 동화 만들기 앱의 예

라이팅젤 (Writing Gel)	사용자가 제시한 주제나 아이디어에 맞춰 동화나 이야기를 작성할 수 있다. 다양한 스타일과 장르로 이야기를 쉽게 변형할 수 있으며, 창작 과정을 효율적으로 도와준다.
플롯 생성기 (Plot Generator)	사용자가 제공하는 기본적인 정보(장르, 캐릭터, 설정 등)를 바탕으로 자동으로 이야기를 생성하는 도구이다. 아이디어가 부족할 때 유용하며, 다양한 스타일의 동화를 빠르게 만들 수 있다.
스토리버드 (Storybird)	그림과 텍스트를 결합하여 동화를 만들 수 있는 플랫폼이다. 사용자는 이야기를 작성하고, 이를 그림으로 표현할 수 있는 아티스트들의 작품을 활용해 동화를 완성한다.
스토리요 (Storyo)	사용자가 선택한 간단한 설정이나 캐릭터를 바탕으로 동화나 이야기를 자동으로 생성해 주는 플랫폼이다. 특히 아동용 동화를 만들 때 유용하며, 이야기 전개에 필요한 다양한 요소를 자동으로 제시해 준다.

2 … 생성형 AI 그림책의 특징

1) 장점 및 효과

- 지시 사항에 대해 실시간으로 신속하게 답변을 제공한다.
- 문장을 구사하기 어려운 영아도 이야기 만들기 활동을 가능하게 해 준다. 주요 단어들만 몇 가지 말한 것을 성인이 입력해 주면 이야기가 생성되기 때문이다.
- 문체나 시점을 자유롭게 변환할 수 있다. 예를 들어, 3인칭으로 서술된 글을 1인칭 관점으로 바꾸어 주거나 격식 있는 표현(하겠습니다)에서 친근한 표현(할게요)으로 단번에 수정해 준다.
- 라이팅젤의 경우 글쓰기와 삽화 그리기 기능을 한 번에 할 수 있다.

2) 단점 및 유의점

- 페이지마다 이미지의 변화가 일어날 수 있다. 특히 동물보다는 사람의 경우 이미지의 일관성을 유지하기 어렵다. 예를 들어, 얼굴 모양이나 머리 길이가 달라져서

다른 사람으로 보이는 것이다. 이는 그림책의 퀄리티를 떨어뜨릴 뿐 아니라 이야기의 흐름을 이해하는 데에도 방해가 된다.

- 생성형 AI는 문법에 맞는 무난한 글을 만들어 주지만, 인간 작가가 전달하는 진정성이나 감동을 이끌어 내는 데에는 한계가 있다.
- 생성형 AI가 만들어 낸 그림은 다양성이 부족하고 자연스럽지 못해 미적 감흥을 일으키기 어려운 경우가 많다.
- 해외 데이터로 구축된 생성형 AI는 한국 특유의 감성과 문화를 표현하는 데 부족함이 있을 수 있다. 예를 들어, 한복을 중국식 의복으로 그리는 것이다.
- 유료 서비스인 경우가 대부분이며, 무료 옵션을 제공하는 경우에도 고급 기능이나 더 많은 콘텐츠를 이용하기 위해서는 추가 비용이 필요할 수 있다.

3 … 생성형 AI 그림책의 제작 사례

1) 제작단계

<table>
<tr><th colspan="2">제목</th></tr>
<tr><td colspan="2">〈깜짝! 위험에서 탈출한 날〉
충청남도 금산 지역의 전래동화인 『토끼와 호랑이』를
1인칭 시점으로 각색해 생성형 AI로 제작한 동화이다.</td></tr>
<tr><th colspan="2">준비물</th></tr>
<tr><td colspan="2">• 이야기 각색: Chat GPT
• 배경 및 등장인물 제작: 라이팅젤
• 동영상 제작: cap cut</td></tr>
<tr><th colspan="2">제작방법</th></tr>
<tr><td>CapCut
라이팅젤
OpenAI</td><td>1. 기획하기
• 『토끼와 호랑이』 전래동화를 생성형 AI로 제작하기 위해 어떤 플랫폼을 사용할 것인지 정하고 제작 순서도 정한다.</td></tr>
</table>

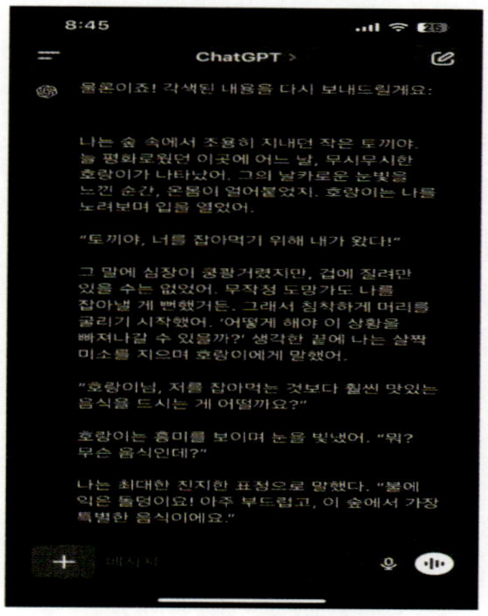

2. 각색하기

- Chat GPT로 '토끼에게 속은 호랑이'를 각색한다.
- 입력 **예** **"동화를 토끼의 1인칭 시점으로 각색해 줘."**
- Chat GPT가 각색한 내용을 일기 형식으로 수정한다.

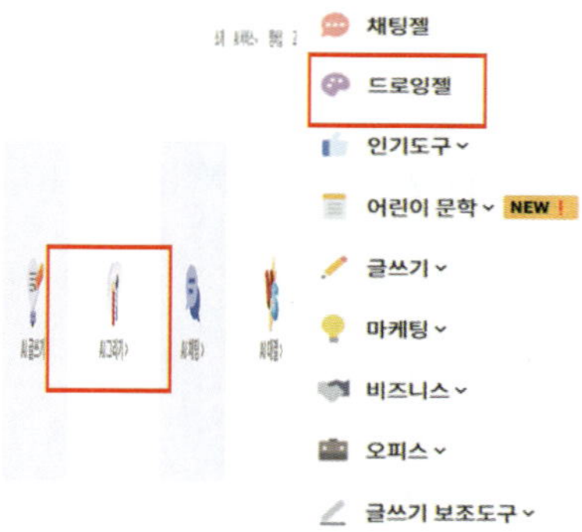

3. 배경 제작하기

- 동화의 배경을 제작하기 위해 라이팅젤(https://www.tinytingel.ai)에 접속한다. 첫 화면에서 [AI 그리기]-[드로잉젤]을 선택한다.

3-1. 프롬프트 정하기

① 회화 종류: 일러스트
② 회화 재료: 파스텔
③ 상황별 이미지 만들기: 챕터 속
④ 이미지 만들기
⑤ 사용 모델: dall-e-3
⑥ 사이즈를 선택한다.

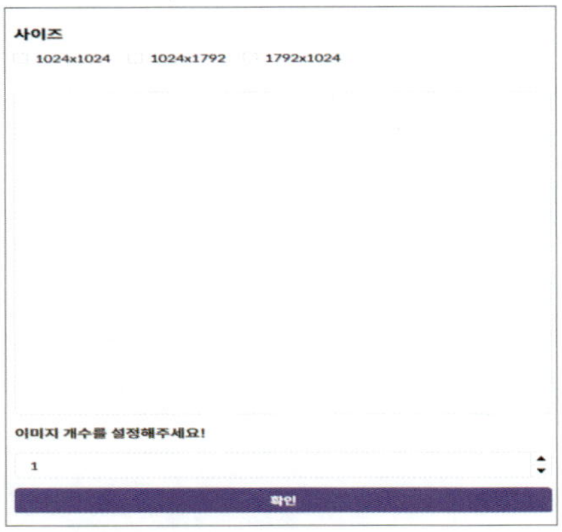

3-2. 이미지 생성하기

- 프롬프트를 작성한다.

  예 "숲속에서 자고 있는 하얀 토끼를 그려 줘."
- 이미지 개수를 선택한다.
- 확인을 클릭한다.
- AI가 그릴 텍스트를 확인한다.

3-3. 이미지 저장하기

- 이미지를 생성하고 아래 화살표를 클릭하여 다운로드한다.

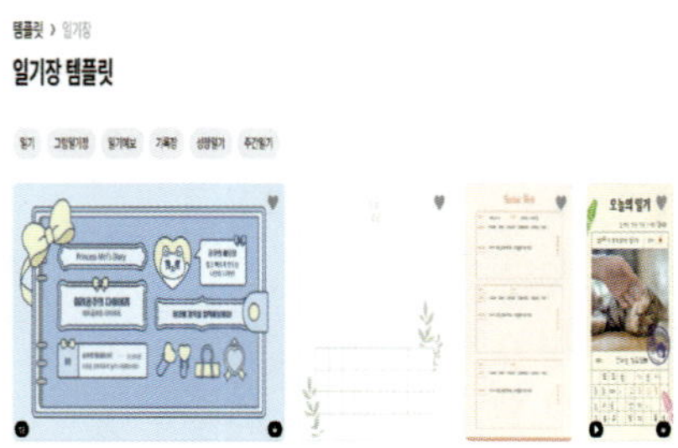

4. 일기장 형식으로 제작하기

- 미리캔버스에서 일기장 템플릿을 검색하여 선택한다.

  [미리캔버스]-[템플릿 보러가기]-[일기장 검색]-[작업할 템플릿 선택]

4-1. 이미지 업로드

- 드로잉 젤을 이용해 만든 이미지를 일기장 템플릿에 업로드하여 삽입한다.

  [왼쪽 메뉴 중 업로드]-[업로드]-[파일 선택]-[업로드된 이미지 클릭]

	4-2. 표지 만들기 • 미리캔버스를 사용하여 동화의 앞표지와 뒤표지를 만든다.
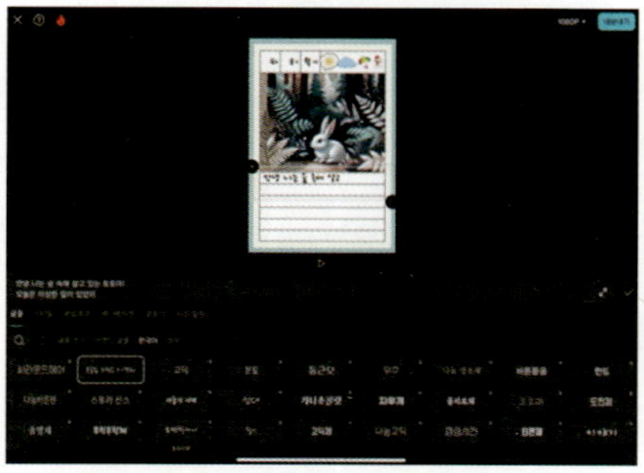	5. 동영상 편집하기 • 동영상 편집 애플리케이션인 [capcut]을 이용해 동영상을 편집한다. [새프로젝트]-[미리캔버스에서 저장한 이미지 업로드]-[텍스트와 음성 삽입]-[텍스트 탭]-[애니메이션]-[타자기]
 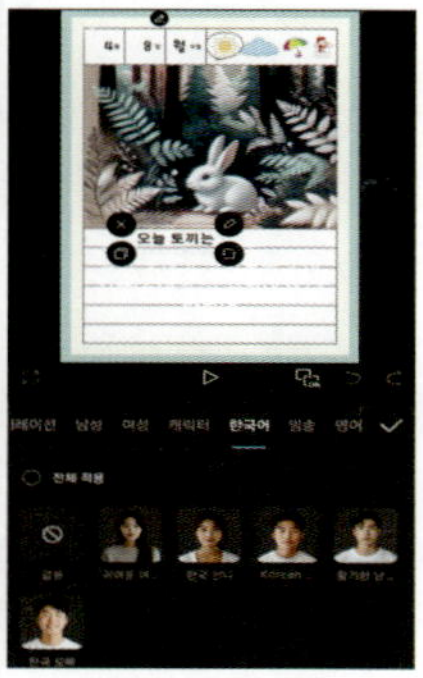	5-1. 텍스트를 입력 후 텍스트에서 음성으로 바꾸는 기능을 사용한다. [텍스트 탭]-[텍스트에서 음성으로]-[어울리는 성우 선택(예 스윗한 언니)]
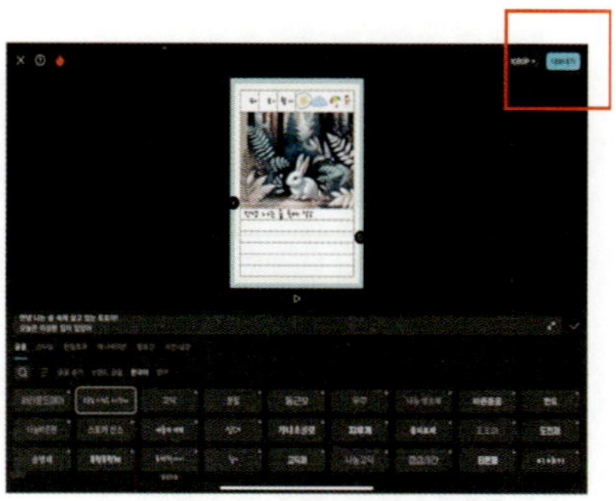	6. 완성하기 • 편집한 동영상을 저장한다. [오른쪽 상단 내보내기]-[오른쪽 상단 완료]-[스마트폰 갤러리에서 확인]

완성본

제작 시 유의 사항

- 라이팅젤을 사용할 때 그림체가 통일되지 않은 경우가 있으므로 여러 번 시도하여 비슷한 그림체의 사진을 모아 제작한다.
- 등장인물의 특성을 파악한 후 AI 음성에서 어울리는 음성(톤, 속도, 감정)을 선택한다.
- 아동이 보기에 부적절하거나 잔인한 장면(예: 등장인물의 잔인한 죽음)을 포함하지 않도록 주의한다.

2) 동화 소개

(1) 유래 및 줄거리

생성형 AI로 만든 ‘깜짝! 위험에서 탈출한 날’의 원작은 충청남도 금산에서 전해 내려오는『토끼와 호랑이』이다. 이 설화는 토끼가 꾀를 사용해 힘으로 위협하는 호랑이를 골탕 먹이는 민담이다. 이 설화는 강한 상대를 이기기 위해서는 단순한 힘뿐만 아니라 지혜와 전략이 필요하다는 중요한 교훈을 전달한다. 이 설화는 여러 독립된 삽화로 구성되어 있다. 예를 들어, ‘호랑이 꼬리 낚시’에서는 토끼가 호랑이의 꼬리를 이용해 낚시를 하는 장면이 나온다. ‘참새 기다리는 호랑이’에서는 호랑이가 참새를 기다리는 동안 토끼가 다른 꾀를 부린다. '돌떡 먹는 호랑이'에서는 호랑이가 토끼를 잡아먹으려고 하자 토끼는 꾀를 내어 더 맛있는 게 있다면서 돌을 구워서 주었다. 뜨거운 돌을 먹고 호랑이가 아파하는 순간을 틈타 토끼는 도망쳤다. 이러한 이야기들은 모두 토끼가 호랑이를 속여서 이기는 장면들을 담고 있다. 여기에서는 토끼를 1인칭 시점으로 바꾸어서 아동이 좀 더 쉽게 감정이입을 할 수 있게 하였다(https://ncms.nculture.org/traditional-stories/story/5812).

(2) 교훈 및 교육 효과

- 토끼는 신체적으로 호랑이에 비해 작은 존재이지만, 꾀를 부려 호랑이로부터 위기를 벗어난다. 이를 통해 아동은 힘만 중요한 것이 아니라 상황에 맞는 문제 해결 능력이 중요하다는 교훈을 배울 수 있다.
- 3인칭 시점으로 서술된 전래동화를 1인칭 일기 형식으로 각색하면 아동들이 일기 쓰기에 대한 흥미를 느낄 수 있다. 아동이 자신의 감정과 생각을 표현하는 데 도움을 줄 뿐만 아니라, 글쓰기 능력을 향상시키는 데 효과적이다.

3) 확장 및 활용

(1) 동화 확장 활동

- 완성된 작품을 게시하거나 퍼즐 놀이에 활용할 수 있다.
- 동화에 나오는 단어로 생성형 AI와 끝말잇기 게임을 한다. 예를 들어, "끝말잇기 게임을 하자. (동화에 나오는) 호랑이."라고 쓰면 AI가 바로 답을 한다. 다음 그림과 같이 주고받으면서 끝말잇기를 한다.

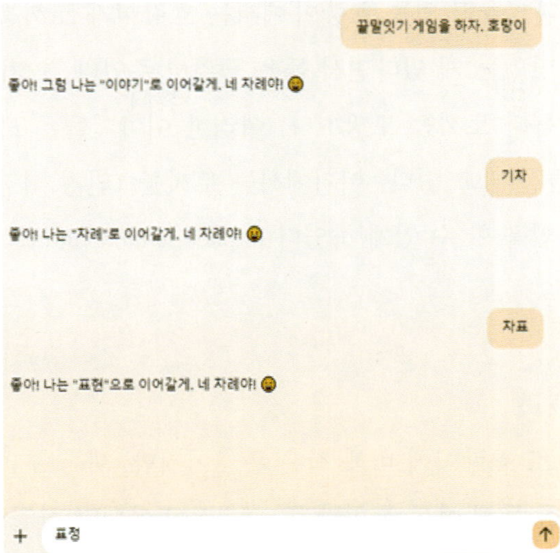

Tip
글자를 모르는 아동의 경우 음성 기능을 이용하거나 교사가 대신 써 줘도 된다.

(2) 디지털 활용

- 생성형 AI를 이용하여 가정통신문 작성하기

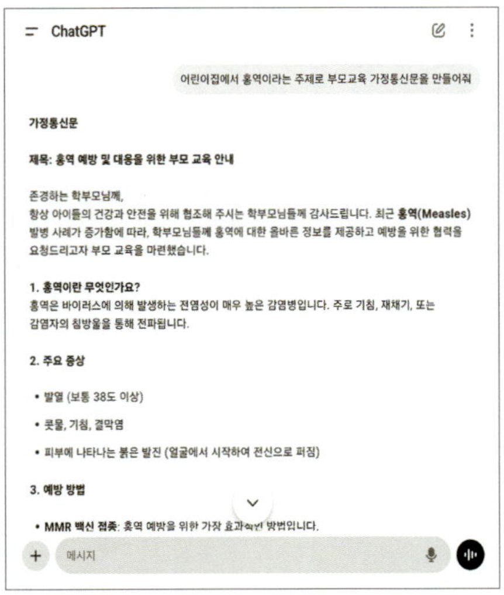

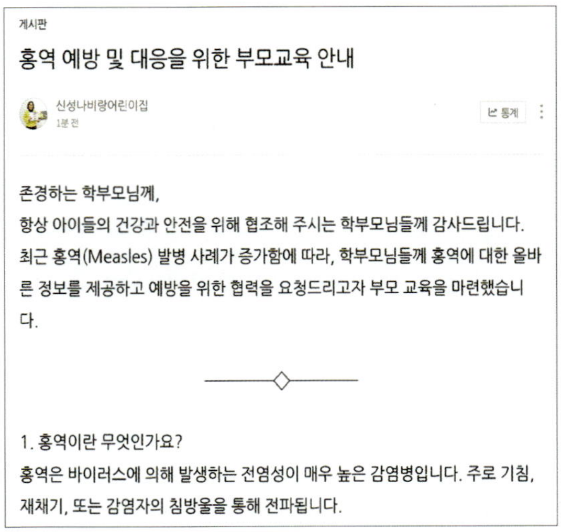

예를 들어, Chat GPT에 홍역이라는 주제로 프롬프트를 작성하고 나온 내용으로 가정통신문을 작성하여 블로그나 SNS에 안내를 한다.

제6장

AI 드로잉 도구로 디지털 그림책 만들기

1 … AI 드로잉 도구의 이해

1) 개념 및 역사

드로잉(drawing)은 인류가 시각적 표현과 소통을 위해 사용한 가장 오래된 예술 형태로, 손으로 직접 그리는 전통적인 기법에서 시작되었다. 드로잉 역사는 선사시대 동굴 벽화에서 시작된다. 다음으로 수작업 중심의 예술이 가득했던 르네상스 시대를 거쳐 20세기 중반 컴퓨터 기술이 발전하면서 디지털 드로잉 도구가 등장하기 시작하였다. 초기에는 픽셀 단위의 단순한 도형 생성에 머물렀지만, 그래픽 태블릿, 디자인 소프트웨어(예: Adobe Photoshop, CorelDRAW) 등이 도입되며 디지털 드로잉의 영역이 확대 발전하였다. 연필, 색연필, 붓 등의 그림 도구는 디지털 펜, 태블릿 등의 디지털화된 도구로 발전하였으며 태블릿 PC는 전통적인 드로잉의 감각을 유지하면서도 반복적 수정과 다양한 스타일 변화를 가능하게 하였다. AI 기술은 드로잉의 개념을 더욱 확장하였다. 전통적인 창작 방식과 디지털 기술의 결합으로 탄생한 AI 드로잉은 창의적인 표현의 영역을 확대하며 현대 예술의 새로운 장을 열고 있다.

AI 드로잉은 속도와 효율성을 높이는 동시에, 전통적인 드로잉의 창의적 정체성을 유지한다. 전통적 드로잉에서는 표현하기 어려운 움직임 추가, 자동 채색 등 새로운 방식으로 예술적 가능성을 확장시킨다. AI 드로잉은 전통적인 드로잉의 철학을 계승하면서 기술적 진보를 통해 예술 창작의 한계를 넘어섰다. 이는 단순히 드로잉 도구의 발전을 넘어, 예술과 기술의 융합이 가져온 창작 방식의 혁명이라 할 수 있다.

대표적인 AI 드로잉 도구 중 하나가 Meta Platforms Inc의 애니메이티드 드로잉(Animated Drawings)이다. 텍스트 기반으로 이미지를 생성하던 기존의 AI 동화 제작 방식은 아동이 이미지를 직접 그리거나 세부적으로 수정하는 데는 한계가 있었다. 반면에 애니메이티드 드로잉은 아동이 직접 그린 이미지를 입력하고 이를 움직임이 있는 애니메이션으로 변환함으로써 개인화된 콘텐츠 제작을 가능하게 한다. 이 기술은 그림을 단순히 디지털화하는 것에 그치지 않고 AI가 그림의 머리, 몸통, 팔다리 등 주요 부분을 인식해 움직임을 추가한다. 이렇게 제작된 캐릭터는 동화 속 배경과 결합되어 더욱 풍부하고 역동적인 시각적 표현을 만들어 낸다. 스미스 등의 연구(Smith et al., 2023)에 따르면, 애니메이티드 드로잉은 기존의 AI 동화 플랫폼에 비해 더 많은 창의적 자유와 참여를 제공한다고 한다. 나아가 미래 사회에서 필수적으로 요구될 디지털 리터러시의 기초를 형성하는 데에도 도움이 된다.

2) 유형 및 특징

(1) 초기 실험: Sketch-RNN(2017)

Google의 Magenta 프로젝트에서 개발된 Sketch-RNN은 AI가 사람의 스케치를 학습하고 새로운 드로잉을 생성하는 기술이다. 이 모델은 Quick, Draw! 게임에서 수집된 수백만 개의 스케치를 통해 학습되었으며, 이를 기반으로 스케치의 패턴을 예측하여 새로운 드로잉을 생성한다. 즉, 아동이 간단한 선이나 도형을 그리면, Sketch-RNN이 이를 이어받아 완성된 그림을 만들어 준다. 스케치의 일부를 그리기만 하면, AI가 창의적으로 나머지를 완성해 주는 방식은 작업의 효율성을 높여 주고 새로운 영감을 줄 수 있다. Sketch-RNN은 인간의 창작 방식을 모방하고 독창적인 이미지를 생성한 첫 사례로 꼽힌다.

(2) 사용자 중심 접근: AutoDraw(2017)

Google의 또 다른 프로젝트인 AutoDraw는 간단한 스케치를 고도화된 그림으로 변환하는 도구로, 전통적인 드로잉의 기초적 창작 과정을 AI가 보완해 주는 사례로 볼 수 있다. 이 드로잉 도구는 클립아트를 제공하여 단순하게 그린 스케치를 빠르게 직관적인 그래픽으로 제작해 준다. 즉, 머신러닝 기술을 통해 아동이 그린 점, 선, 면을 인식하고 그림을 분석한 후 데이터베이스에 있는 그림 중 아동의 그림과 가장 비슷한 이미지를 추천해 주게 된다. 미술 작품을 만들기 전에 AutoDraw를 활용하면 아동은 스케치를 통해 다양한 아이디어를 확장하고 이를 바탕으로 작품을 완성해 나갈 수 있다.

사용자가 그린 스케치

사용자가 그린 스케치를 변환

그림 6-1 AutoDraw의 드로잉 기술

(3) 개인화된 창작: 애니메이티드 드로잉

애니메이티드 드로잉(Animated Drawings)은 Meta Platforms Inc.의 인공지능 연구소인 Meta AI에서 발표한 오픈 소스 프로젝트이다. 이 프로젝트는 손으로 그린 일러스트 형태의 캐릭터를 애니메이션으로 변환해 주는 AI 도구이다. 이 기술은 객체 검출(object detection), 자세 추정(pose estimation), 분할(segmentation)을 사용하여 단일한 인간 형태의 그림으로부터 다양한 형태의 움직임을 생성한다. 특히 아동이 그린 그림을 실제로 움직이게 만드는 방안을 제시하여 큰 관심을 받았다. 출시 9개월 만에 320만 명의 사용자를 확보했으며, 학습 도구로서도 매우 유용하다.

애니메이티드 드로잉은 아동이 그림을 올리면, 서버가 그 그림을 분석하고 리깅(뼈대를 할당하여 움직임 활성화)을 통해 애니메이션을 생성한다. 리깅 정보는 객체 저장소에 저장되고, 객체 저장소는 변환된 이미지를 재활용하거나 반환할 수 있다. 애니메이션을 만들 때 많은 컴퓨터 자원이 필요하다. 아동이 이미지를 올리면, 그 이미지를 처리하는 과정이 자동으로 시작되고, 개별 서버가 이를 처리한다. 리깅 서버는 이미지에 움직임을 추가하는 작업을 하며, 동시에 여러 요청이 들어오면 처리할 수 있도록 서버 수를 늘려 대응한다(이다연 외, 2024).

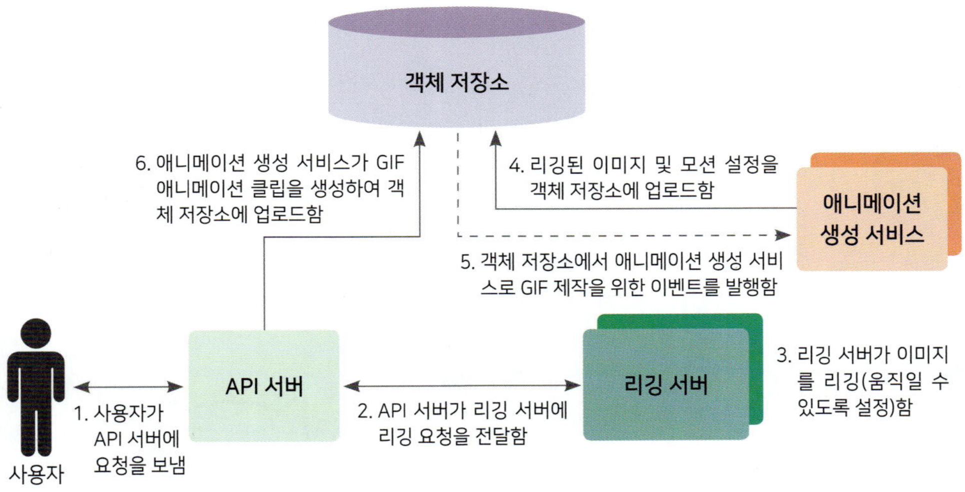

그림 6-2 애니메이티드 드로잉을 이용한 GIF 생성 과정

출처: Adapted From Smith et al. (2023).

그림을 애니메이션으로 만드는 과정은 먼저 단일 캐릭터 이미지를 준비하는 것에서 시작한다. AI는 이 이미지에서 사람의 형상을 감지하고, 감지된 형상을 세분화한다. 다음으로, AI는 사람의 자세를 추정하여 움직임의 기초를 마련한다. 이렇게 얻어진 데이터를 기반으로 애니메이션을 만드는 단계로 넘어간다. 입력된 그림에서 인물을 식별하여 이미지를 자른 후, 잘린 이미지에서 인물의 마스크와 관절 위치를 파악하여 캐릭터의 뼈대를 만든다. 마지막으로 모션 캡처 데이터를 사용해 이 뼈대에 움직임을 부여해 애니메이션을 완성한다.

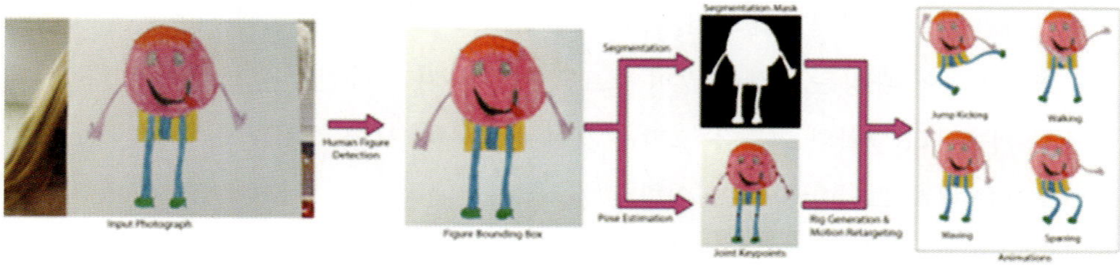

그림 6-3 드로잉에서 애니메이션으로 이어지는 과정 개요

출처: Smith et al. (2023).

2 … 애니메이티드 드로잉의 특징

1) 장점 및 효과

- 애니메이티드 드로잉은 사용자가 쉽게 접근할 수 있도록 설계된 인터페이스를 제공한다. 모션 입력으로 이미지를 제공하며, 단계별로 진행할 수 있어 사용자가 어렵지 않게 이용할 수 있다.
- 애니메이티드 드로잉은 2D 그림에 3D 모션 캡처 기술을 적용하여, 그림이 마치 살아 움직이는 것처럼 보이게 한다. 따라서 평면적인 그림에서도 캐릭터가 걷거나 뛰는 동작을 효과적으로 표현하므로 아동의 흥미를 유발한다.
- 특히 아이들이 직접 그린 그림을 사용할 경우 창작의 재미와 성취감뿐 아니라 디지털 기술 학습의 기회를 동시에 제공한다.

- 그림으로 정확히 표현하기 어려운 아동의 경우에도 스마트폰이나 카메라로 사진을 찍고, 모션 캡처 프로그램을 활용하여 애니메이션을 제작할 수 있다.

2) 단점 및 유의점

- 아동의 그림이 구체적으로 표현되지 않은 경우, 애니메이티드 드로잉에서 모션 캡처가 어려워질 수 있다. 따라서 아동이 머리, 팔, 다리가 명확하게 표현된 그림을 그릴 수 있도록 자료를 제공하거나 그리는 방법을 안내하는 것이 필요하다.
- 그림이 모션 캡처되지 않으면, 복잡한 방법으로 블러셔를 사용해 지우고 누끼를 따야 한다. 이 과정은 시간이 많이 소요되며, 사용자가 불편함을 느낄 수 있다. 그래서 처음부터 명확한 그림을 그리는 것이 중요하며, 모션 캡처 인식이 되지 않는 경우에는 다시 그려야 할 수도 있다.

3 … 애니메이티드 드로잉 그림책의 제작 사례

1) 제작단계

제목
〈방귀쟁이 코동이〉 충청남도 보령 지역 전래동화인 『천둥 방귀를 뀌는 며느리』를 각색해 애니메이티드 드로잉으로 제작한 디지털 그림책이다.
준비물
• 등장인물 모션 구현: 애니메이티드 드로잉(sketch.metademolab.com) • 음향 효과: 블로(VLLO) • 배경 제작: 미리캔버스(miricanvas) • 등장인물 그리기: 태블릿 그림판

<table>
<tr><th colspan="2">제작방법</th></tr>
<tr><td>
</td><td>1. 기획하기
• ‘방귀쟁이 코동이’ 전래동화를 ‘애니메이티드 드로잉’으로 제작할 수 있도록 기획한다.
• 구글플레이 또는 앱스토어에서 블로 앱을 찾아 설치한다.
• PC로 ‘애니메이티드 드로잉’에 접속하여 회원가입을 한다.</td></tr>
<tr><td>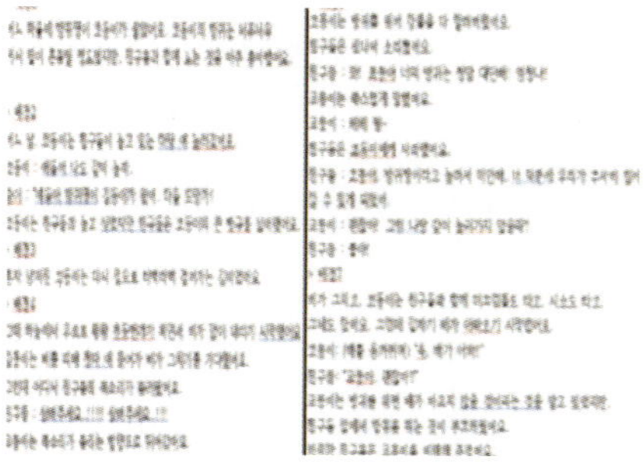</td><td>2. 각색하기
• 전래동화 동물들을 등장인물로 각색한다.
• 간단한 이야기 구조로 계획한다.
• 등장인물과 배경의 이미지, 동작을 편집하여 최종 스크립트를 완성한다.</td></tr>
<tr><td>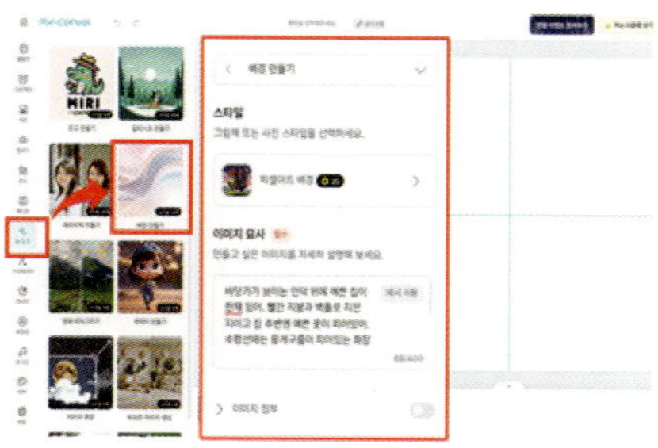</td><td>3. 배경 제작하기
• 미리캔버스에서 동화 배경을 제작한다.
[왼쪽 메뉴 중 요소]–[AI 일러스트 직접 만들기]–[스타일 선택]–[이미지 묘사]–[생성]–[생성된 이미지 4개 중 하나를 선택해 클릭]–[캔버스로 옮겨진 이미지 우클릭]–[배경으로 만들기]
• 이미지 묘사 예시: “바닷가가 보이는 언덕 위에 예쁜 집이 한 채 있어. 빨간 지붕과 벽돌로 지은 지이고 집 주변엔 예쁜 꽃이 피어있어. 수평선에는 뭉게구름이 피어 있는 화창한 날씨야.”
• 위 순서대로 동화의 배경을 모두 제작한다.</td></tr>
<tr><td>
</td><td>4. 배경화면에 대본 작성하기
• 미리캔버스에서 제작한 배경마다 미리 작성했던 대본을 삽입한다.
[왼쪽 메뉴 중 텍스트]–[대본 입력]–[완성된 텍스트 드래그하여 위치 정하기]</td></tr>
</table>

	5. 등장인물 제작하기 • 태블릿 그림판에서 등장인물을 그리고 색칠한다. • 완성된 그림을 다운로드할 때 [파일 형식을 PNG]로 설정하고 [투명한 배경을 체크]한다. 이렇게 다운로드를 하면 애니메이티드 드로잉에서 배경제거(누끼 따기) 작업 없이 곧바로 애니메이션을 활용할 수 있어 작업이 간편해진다.
	5-1. 파일 불러오기 • 애니메이티드 드로잉(sketch.metademolab.com)에서 저장된 캐릭터 이미지를 불러온다. [애니메이티드드로잉 로그인]-[Upload Photo]-[이미지 파일 선택]
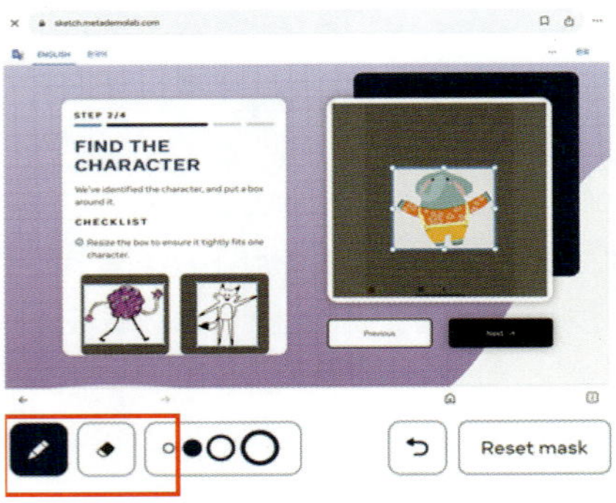	5-2. 배경 지우기 • 등장인물만 남기고 배경은 최대한 지워 준다. [이미지의 동그란 점 이동]-[Next]-[스캔]-[자동으로 스캔하지 못한 부분은 연필과 지우개를 이용해 작업]-[Next] • 5번에서 [투명배경으로 다운]받았다면 자동으로 스캔해 작업이 수월해진다.
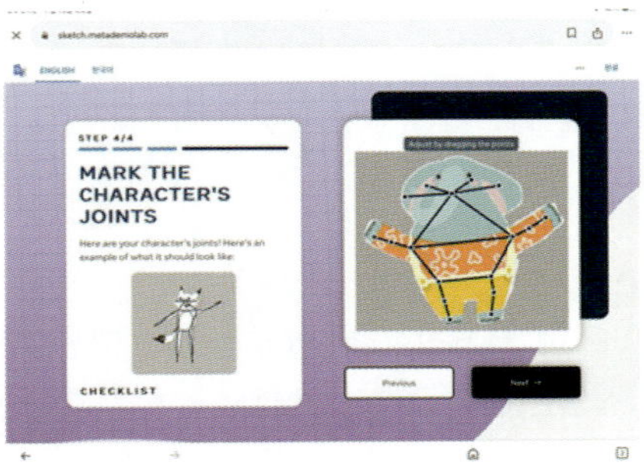	5-3. 모션 만들기 • 사이트에서 자동으로 신체 구조를 추적해 준다. • 점들이 관절 역할을 해 주므로 드래그하여 움직임이 자연스러울 수 있도록 조정한다. • 얼굴, 어깨, 팔, 다리의 모션이 완성되면 [next→] 버튼을 클릭한다.

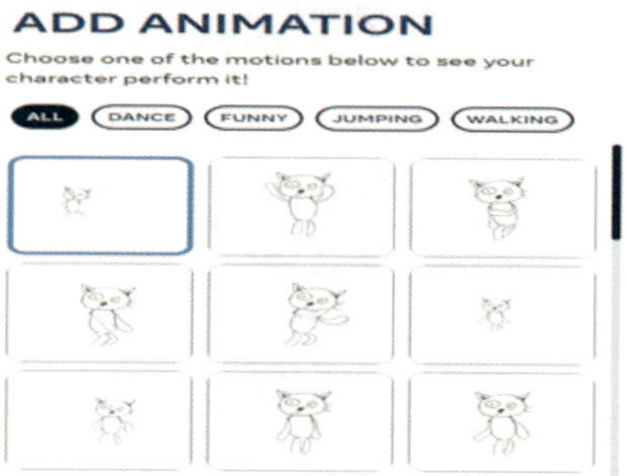	5-4. 모션 완성하기 • 왼쪽의 원하는 동작을 선택하여 저장한다. [이미지 창 오른쪽 하단 ⛶ 클릭]-[동영상 구동 확인]-[오른쪽 하단 삼점 클릭]-[저장]
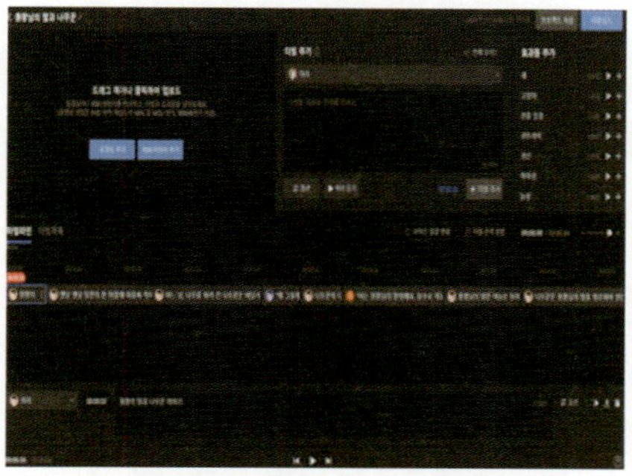	6. 음성 녹음하기 • 클로바더빙으로 등장인물에 따라 대사를 음성 녹음 탭을 이용하여 녹음한다. (57쪽 클로바더빙으로 영상 편집하기 참조)
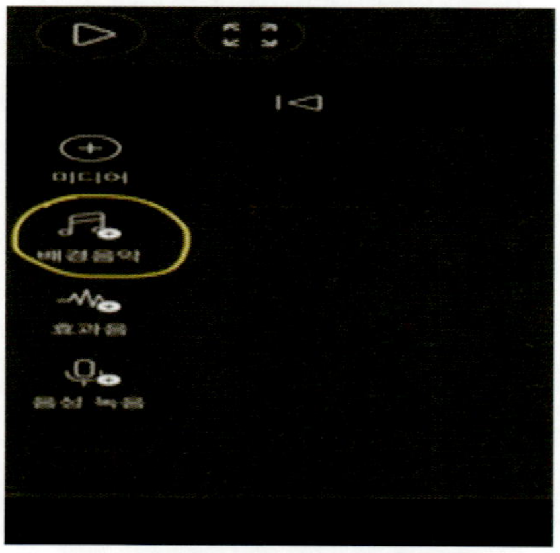	7. 동영상 편집하기 • 블로(VLLO)에 배경 음악 탭을 클릭한다. • 효과음 선택하여 삽입한다(59쪽 블로로 영상 편집하기 참조).
	8. 완성하기 • 영상 편집 파일과 더빙한 내용을 블로(VLLO)에서 편집하여 완성한다.

완성본	

제작 시 유의 사항

- 애니메이티드 드로잉은 2D 그림에 다양한 모션 기능을 적용하여 3D와 같은 효과를 낸다. 모션을 위해 인식되는 포인트는 머리, 두 팔, 두 다리이며, 그림책 속 등장인물은 반드시 이 요소들을 정확하게 표현해야 한다.
- 배경을 그리게 되면 애니메이티드 드로잉에서 누끼 따기가 어렵기 때문에 그림의 외곽선을 뚜렷하게 그리고 배경을 그리지 않는 것이 좋다.
- 애니메이티드 드로잉에서 표현할 수 있는 모션은 한정적이다. 동화 주인공들의 움직임이 자연스럽지 않을 때에는 태블릿의 그림판을 활용해 등장인물의 동작을 그려서 사용한다.

2) 동화 소개

(1) 유래 및 줄거리

"천둥 방귀를 뀌는 며느리는 충청남도 보령시 천북면 남쪽 바닷가의 '빙도'라는 섬에서 전해 내려오는 이야기예요. 옛날에 어느 부잣집에 살던 고운 며느리가 여러 날 잔치 준비를 하느라 탈이 났어요. 며느리는 실수로 시아버지 앞에서 방귀를 뀌었고 그 때문에 빙도로 쫓겨 가서 살았지요. 빙도에는 방귀쟁이 며느리 말고도 예쁘게 생긴 여인들이 많았다고 해요. 그래서 빙도를 '미인도'라고 부르기도 한답니다."

– 허필여(2014) –

(2) 교훈 및 교육 효과

- 생리적 활동인 방귀가 자연스러운 현상임을 인식하여 서로를 이해하고 배려하는 방법을 배울 수 있다.
- 친근한 동물을 등장인물로 활용하여 아동의 흥미를 유발하고 교육 내용을 쉽게 이해하여 기억할 수 있도록 도와준다.

3) 확장 및 활용

(1) 동화 확장 활동

- 제작된 디지털 동화를 활용하여 동극을 진행할 수 있다. 디지털 동화의 캐릭터를 바탕으로 역할에 따른 이야기를 만들어 동극을 연출할 수 있다.
- 애니메이티드 드로잉으로 구동시킨 동영상 파일을 아동들과 함께 초대장을 만들고 다양한 전시회 놀이로 확장할 수 있다.

(2) 디지털 활용

- **홍보영상 만들기**: 아동의 사진을 찍고 애니메이티드 드로잉을 활용해 누끼를 따고 모션을 입혀 준다. 사진은 아동의 몸 전체가 잘 보이도록 찍으며 모션이 잘 나타나도록 팔과 다리를 넓게 벌려 촬영하는 것이 좋다. 홍보영상 쓰임에 맞게 음원이나 배경 설정이 필요하다. 영상편집은 캔바를 활용하고, 편집한 영상을 활용해 초대장을 만들어 활용한다.

제7장
프레젠테이션 도구로 디지털 그림책 만들기

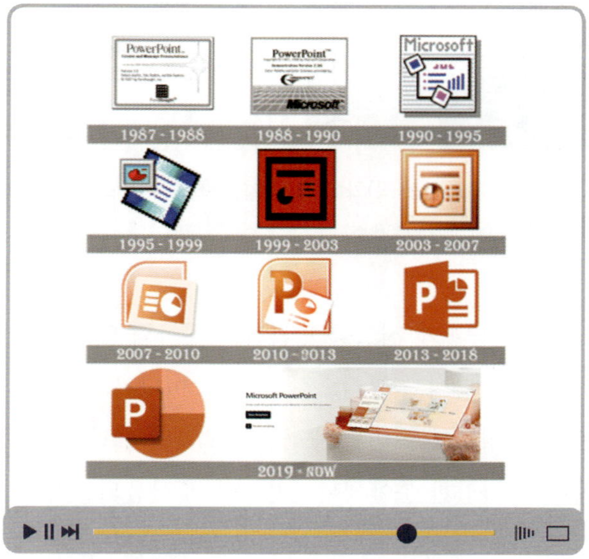

출처: https://1000logos.net/microsoft-powerpoint-logo

1 … 프레젠테이션 도구의 이해

1) 개념 및 역사

프레젠테이션(presentation)은 영어로 '발표'를 의미하지만 단순한 발표보다는 시청각 자료를 준비하여 이를 바탕으로 수행하는 발표를 주로 가리킨다. 또한 이 과정에서 사용되는 발표 자료를 일컫기도 한다. 과거에는 큰 종이에 손으로 쓴 글씨를 막대기로 가리키며 발표를 하곤 하였다. 20세기 중반에는 종이 게시물이나 유인물에 글을 쓰는 것이 번거로워져, 투명 필름에 손으로 쓰거나 인쇄된 슬라이드를 환등기에 넣어 발표하는 방식이 등장하였다. 1990년대까지만 해도 컴퓨터가 보급되기 전이어서, 오버헤드 프로젝터(OHP)를 사용하는 것이 흔한 모습이었다. 하지만 컴퓨터가 보편화됨에 따라 프레젠테이션 제작 및 시연을 위한 프로그램들이 출시되기 시작하였다(https://namu.wiki/w).

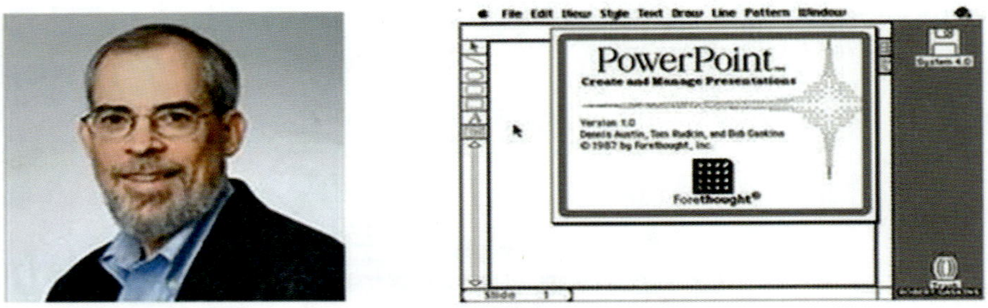

그림 7-1 로버트 개스킨스(좌)와 그가 개발한 최초 파워포인트의 인터페이스(우)

출처: https://v.daum.net/v/20240625043025806

프레젠테이션 도구는 청중에게 정보를 명확하고 설득력 있게 전달하기 위해 사용되는 소프트웨어이다. 주로 슬라이드 형식으로 텍스트, 이미지, 그래프, 동영상 등을 포함하여 다채로운 방식으로 정보를 표현할 수 있다. 오늘날 프레젠테이션 도구는 비즈니스 회의, 교육, 마케팅 등 다양한 분야에서 광범위하게 사용되고 있다. 1987년 4월 미국 Forethought Inc.의 로버트 개스킨스(Robert Gaskins)와 데니스 오스틴(Dennis Austin)이 출시한 '프레젠터'(Presenter)가 현대적 의미의 프레젠테이션 소프트웨어의 시작이라 할 수 있다. 매킨토시 버전으로 출시된 프레젠터는 현란한 그래픽, 다양하고 굵은 글씨체, 슬라이드 쇼를 보여 주는 지금의 파워포인트(PowerPoint)와는 많이 달랐으며, 잘 팔리지도 않았다. 그러나 기업소프트웨어 수요 증가와 사무자동화 추세를 인식한 마이크로소프트(MS)의 빌 게이츠(Bill Gates)가 프레젠터를 인수하면서 오늘날과 같은 파워포인트로 변화되어 전 세계인이 사용하는 소프트웨어가 되었다. 1990년대 개인용 컴퓨터(PC) 시장의 폭발적인 성장도 파워포인트의 성공의 계기가 되었다.

파워포인트는 직관적인 사용자 인터페이스와 다양한 기능을 제공하여 빠르게 인기를 끌었다. 21세기 들어 클라우드 기반의 프레젠테이션 도구가 등장하면서 협업과 접근성이 크게 향상되었다. 구글 슬라이드(Google Slides)와 같은 웹 기반 프레젠테이션 도구는 인터넷을 통해 실시간 협업이 가능하게 하였다. 또한 Prezi와 같은 다이나믹한 프레젠테이션 도구는 기존의 슬라이드 기반 접근 방식을 뛰어넘어 보다 창의적이고 시각적으로 화려한 프레젠테이션을 가능하게 하였다. 그러나 세계적으로 가장 널리 사용되는 프레젠테이션 도구는 역시 파워포인트이다. 정부나 기업 등에서 프레젠테이션 수요가 증가함에 따라 대학에서도 파워포인트를 활용하는 수업이 많아졌고, 초·중·고등학교에서도 이러한 수업이 점차 도입되고 있다. 1990년대 파워포인트는 컴퓨터와 프로젝터를 이용하여 강의 및 발표자료를 제작하는 용도로 사용되다가 2000년대 들어와 인터넷 기술이 발전하면서 다채로운 색상과 상세한 이미지, 음악, 노래 등 다양한 멀티미디어 요소를 활용하는 등 발전을 거듭해 왔다. 2024년 가장 최신 버전에서는 AI 프로그램인 Copilot을 기반으로 프레젠테이션을 빠르게 검토하고 요약·생성을 하며 모바일 장치에서도 사용이 가능해졌다.

이와 같이 파워포인트가 양적·질적으로 발전함에 따라 파워포인트를 활용하여 종이 그림책을 디지털화하기 시작하였다. 일명 피피티 동화라 불리는 파워포인트로 만든 그림책은 현재 교육현장에서 가장 많이 사용되는 디지털 그림책이라 할 수 있다. 극적인 교훈적 요소와 스토리텔링을 결합한 파워포인트 그림책은 이미지, 음악, 비디오, 애니메이션 등 각종 멀티미디어 요소를 사용하여 이야기의 생동감을 더욱 높여 준다. 따라서 파워포인트로 제작한 멀티미디어 그림책은 아동에게 구체적인 학습 환경을 제공함으로써 학습효과를 높일 것으로 기대된다(김정겸, 변정숙, 2014).

2) 유형 및 특징

(1) 마이크로소프트 파워포인트

일명 피피티라 불리는 파워포인트는 프레젠테이션 도구 중에서 가장 보편화된 전문도구로 특히 비즈니스 분야에서 널리 사용된다. 파워포인트의 가장 큰 장점은 사용자 친화적 인터페이스로 직관적이고 익히기 쉽다는 것이다. 따라서 초보자도 쉽게 시작할 수 있어 많은 사람이 선호한다. 기본 제공되는 템플릿이 다양하며 다양한 차트, 그래프, 애니메이션 효과를 제공하는 등 강력한 그래픽 기능을 갖고 있다. 또한 다양한 파일 형식 지원뿐 아니라 다른 오피스 프로그램과의 연계가 용이하다. 최신 버전에서는 제한적이기는 하지만 클라우드 기반의 협업 기능도 지원하여 여러 사람이 동시에 작업할 수 있다.

(2) 한컴오피스 한쇼

한컴오피스가 만든 한쇼는 파워포인트와 전반적으로 기능과 사용방법이 비슷하나 대부분 국내에서만 사용한다. 최근에는 PC를 사면 번들로 끼워 주는 경우가 많아 학생층에서 사용자가 늘어나고 있다. 마이크로소프트 파워포인트와 유사하지만 한쇼는 한글 전용 소프트웨어로 한글 사용자에게 좀 더 친숙한 인터페이스를 제공한다. 워드, 엑셀 등 한컴오피스의 다른 프로그램과의 연동도 용이하다. 따라서 국제적인 협업이 필요하거나 기업 표준 소프트웨어를 사용해야 하는 경우에는 파워포인트가 더 적합하지만 국내 환경에 최적화된 소프트웨어와 저렴한 비용을 원한다면 한쇼가 좋은 선택이 될 수 있다.

(3) 구글 슬라이드

오프라인 상태에서도 제작 및 구현이 가능한 파워포인트와 달리, 구글 슬라이드는 클라우드 기반으로 인터넷 연결이 필요하다. 구글 슬라이드의 가장 큰 특징은 실시간 협업 기능으로, 여러 사용자가 동시에 슬라이드를 수정하고 댓글 기능을 통해 소통할 수 있다는 것이다. 그리고 작업 중 자동으로 저장되므로 데이터 손실 우려가 적다는 장점도 있다. 구글 슬라이드는 파워포인트에 비해 기능은 제한적인 대신 무료로 사용할 수 있다. 또한 구글 드라이브와 통합되어 있어 다른 구글 서비스(예: 구글 독스, 구글 시트)와의 연동이 용이하다. 따라서 복잡한 디자인과 고급 기능이 필요한 전문적인 작업에는 파워포인트가, 협업이 필요한 간단한 작업에는 구글 슬라이드가 적합하다.

그림 7-2 프레젠테이션 도구 유형

2 … 피피티 그림책의 특징

1) 장점 및 효과

- 피피티 그림책의 가장 큰 장점은 가정 및 교육기관에 프로그램이 보편화되어 있어 교육자와 아동 모두가 쉽게 접근할 수 있다는 것이다.
- 역동적인 장면 전환 및 다양한 멀티미디어 요소의 활용으로 매력적이고 흥미로운 학습 경험을 제공하며 이로 인해 아동의 학습 효과가 높아진다.
- 종이책은 일반적으로 정해진 형식이 있어 수정이 까다롭지만 피피티 그림책은 슬라이드와 이미지의 조작이 용이하여 유연하게 콘텐츠를 수정하고 업데이트할 수 있다.
- 피피티 그림책은 종이책보다 경제적이고 여러 기기를 동기화할 수 있기 때문에 편리하다(관위안위안, 윤여경, 2022).
- 미리 녹화해 둔 비디오로 슬라이드를 프레젠테이션화하는 카메오 기능을 사용하여 그림책을 실현할 수 있다. 그림책의 내용을 프레젠테이션화하는 과정에서 속도, 어휘 등에 대한 즉각적인 AI 기반 피드백을 받을 수 있다.

2) 단점 및 유의 사항

- 그래픽 디자인 플랫폼이 많은 디자인 요소를 지원하는 것에 비해 지원하는 요소들이 한정되기 때문에 창의적인 작품 제작에 제한이 있을 수 있다. 따라서 캐릭터나 배경을 피피티 외부 밖에서 제작해서 끌어다 쓰는 경우가 있다.
- 다양한 멀티미디어 요소(이미지, 동영상, 음악 등)를 사용해야 할 경우, 파일 크기가 커져 저장 공간 문제 및 파일 전송의 어려움을 초래할 수 있다.
- 애니메이션 효과를 사용하면 시청각적으로 흥미를 유발할 수 있으나 지나치게 많이 사용하면 그림책 흐름이 방해받고 메시지가 모호해질 수 있다.

3 … 피피티 그림책의 제작 사례

1) 제작단계

<table>
<tr><th colspan="2">제목</th></tr>
<tr><td colspan="2">〈호랑이를 속인 꾀 많은 토끼〉
충청남도 금산 지역의 전래동화『호랑이를 속인 꾀 많은 토끼』를
마이크로오피스 파워포인트를 활용해 만든 디지털 그림책이다.</td></tr>
<tr><th colspan="2">준비물</th></tr>
<tr><td colspan="2">• 등장인물 그림: 호랑이, 토끼들
• 동영상 제작: 마이크로오피스 파워포인트
• 배경 제작: Chat GPT
• 등장인물 제작: 태블릿 PC, ibspaint X 앱
• 목소리 녹음: 핸드폰 기본 음성메모 앱
• 사진 촬영 앱: 핸드폰 기본 사진앱</td></tr>
<tr><th colspan="2">제작방법</th></tr>
<tr><td></td><td>1. 기획하기
•『호랑이를 속인 꾀 많은 토끼』 전래동화를 마이크로오피스 파워포인트로 제작하기 위해 어떤 플랫폼을 사용할 것인지 정하고 제작 순서도 정한다.</td></tr>
<tr><td>
</td><td>2. 각색하기
•『호랑이를 속인 꾀 많은 토끼』 동화를 장면별로 이야기를 구성한다(장면 나누기, 인물의 대사, 장면별 배경 정하기).</td></tr>
</table>

	3. 배경 제작하기 • Chat GPT를 사용하여 각 페이지에 맞는 배경 이미지를 생성한다. • 각 장면을 생성하기 위한 구체적인 질문을 작성하고 이미지 파일이 생성되면 저장한다. [Chat GPT 실행]-[질문 작성]-[생성하기]-[이미지 다운로드 클릭] • 구체적인 질문의 예 **"낮 시간대의 따사로운 햇빛이 나무들 사이로 비추고, 연못도 있어. 호랑이와 토끼가 살 듯한 생동감 넘치는 숲의 모습을 그려 줘."** • 페이지마다 필요한 모든 장면을 위와 같은 방법으로 생성한다.
	4. 등장인물 제작하기 • 태블릿 PC 또는 스마트기기를 활용하여 그림 그리기앱을 실행한다. • 이번 제작에서는 태블릿 PC를 이용하여 [ibispaint X] 앱을 사용하였다. [ibispaint X 앱 실행]-[나의 갤러리]-[상단의 + 선택]-[일러스트 OK버튼 선택]
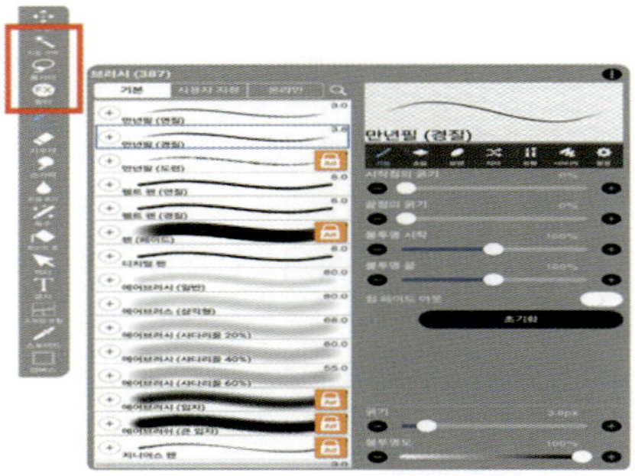	4-1. 그리기 도구 선택하기 • 메뉴에서 적당한 펜의 종류를 선택한다. [왼쪽 도구]-[브러시]-[굵기 및 색 지정] • 이번 제작에서는 드로잉펜을 선택하고 나머지 옵션은 그대로 설정하였다.
	4-2. 등장인물 그리기 • 지정된 펜으로 동물 캐릭터를 그린다. 필요시 지우개 기능을 이용해 지우고 수정한다. • 보고 그리기 [오른쪽 하단 ← 버튼 선택]-[설정 선택]-[유저 인터페이스의 참고자료 창 활성화]-[오른쪽 상단의 작은 창에 그리려고 하는 이미지 불러오기]

	• 이미지 위에 따라 그리기 [따라 그릴 이미지를 갤러리에 저장해 놓기]–[ibispaint X 앱 오른쪽 하단 메뉴 중 레이어 선택]–[배경 1 선택]–[왼쪽 카메라 아이콘 선택]–[갤러리에 저장해 놓은 이미지 선택]–[두 손가락으로 터치하여 크기 조절 후 연두색 체크하기]–[선 드로잉 추출]–[백색을 드래그하여 그림의 선만 보이도록 조절]–[연두색 체크하기]–[레이어 다시 선택]–[왼쪽 3선을 드래그하여 이미지를 1번 레이어로 지정하고 투명도를 조절]–[2번 레이어를 선택한 후 화면 터치하여 그림판으로 이동]–[그림 완성 후 1번 레이어 삭제]
	4–3. 등장인물 채색하기 • 채색 전 아래와 같이 설정해야 드로잉 선을 침범하지 않고 색칠할 수 있다. [오른쪽 하단 메뉴 중 레이어 선택]–[내가 그린 그림을 레이어 2번으로 설정]–[레이어 1번 선택 후 채색] • 왼쪽 도구의 브러시나 페인트 통을 선택하여 채색한다.
	4–4. 등장인물 저장하기 • 완성된 등장인물 동물 캐릭터를 이미지 파일로 저장한다. [오른쪽 하단 ← 버튼 선택]–[사진저장]–[OK]–[태블릿 PC 갤러리에서 확인] • 모든 페이지에 필요한 등장인물의 표정과 동작을 생각하며 등장인물을 그리고 저장한다.
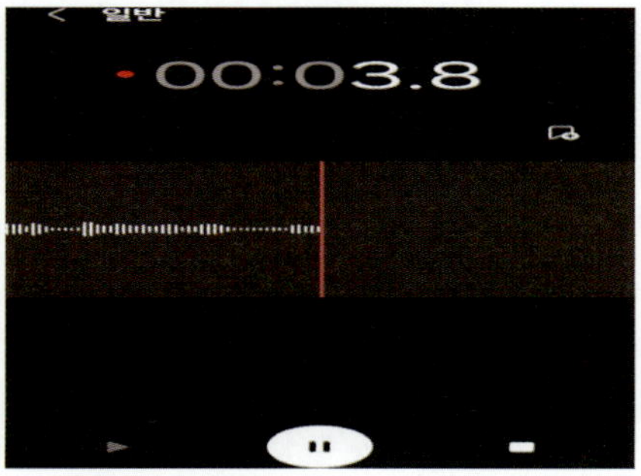	5. 녹음하기 • 스마트폰 음성 녹음 기능을 이용하여 페이지마다 들어갈 줄거리를 목소리로 녹음한다. • 녹음된 각 페이지의 녹음 파일을 PC로 옮겨 저장한다. [스마트폰 음성메모 실행]–[녹음]–[저장]–[모바일에서 PC로 파일 전송]

<table>
<tr>
<td>
</td>
<td>6. 그림책 제작하기
• 파워포인트 프로그램을 실행하여 AI로 제작한 배경을 불러온다.
[파워포인트 실행]–[상단 메뉴]–[삽입]–[그림]–[이디바이스]–[배경 선택]–[삽입]
• 제작한 배경화면의 크기를 조절한다.
[마우스로 배경 클릭]–[이미지 모서리의 동그란 점을 좌클릭한 상태로 드래그하여 크기 조절]</td>
</tr>
<tr>
<td></td>
<td>6–1. 등장인물 삽입하기
• 파워포인트에서 배경 이미지에 동물 이미지 파일을 삽입한다.
• 원하는 위치에 등장인물을 옮기고 크기를 알맞게 조정한다.
[삽입]–[그림]–[이디바이스]–[동물 선택]–[삽입]–[위치 및 크기 조정]
• 삽입한 이미지의 배경을 지운다.
[배경 지울 이미지 클릭]–[상단 메뉴 중 그림 서식]–[배경제거 선택]–[마우스로 동그란 점을 좌클릭 상태로 드래그하여 영역 선택]–[상단 메뉴 중 변경 내용 유지 선택]</td>
</tr>
<tr>
<td></td>
<td>6–2. 줄거리 삽입하기
• 목소리 녹음 파일을 배경음악으로 삽입한다.
[삽입]–[오디오]–[내PC의 오디오]–[파일 선택]–[삽입]</td>
</tr>
<tr>
<td></td>
<td>6–3. 효과 넣기
• 각 장면을 생동감 있게 표현할 수 있는 애니메이션 효과를 넣는다.
[상단 메뉴]–[애니메이션]–[효과 선택]–[시작시간/재생시간/지연시간 조정]
• 이미 적용되었던 애니메이션에 또 다른 애니메이션을 추가 적용하여 해당 개체를 더 강조할 수 있다.
[고급 애니메이션]–[애니메이션 추가]</td>
</tr>
</table>

	6-4. 효과 확인하기 • 선택한 애니메이션 효과를 확인하기 위하여 애니메이션 창을 열어 효과의 순서와 반복 횟수, 움직임을 확인하고 수정한다. [애니메이션]-[애니메이션 창]
	6-5. 완성된 그림책 확인하기 • 모든 장면이 구성되면 상단 메뉴의 슬라이드쇼를 클릭해 처음부터 구동해 보고 확인하여 저장한다. [슬라이드쇼]-[처음부터]-[쇼마침]-[저장]
	7. 완성하기 • 위와 같은 방법으로 모든 장면을 제작한다. • 저장된 피피티 파일을 동영상으로 저장하여 피피티 동화책을 완성한다. [파일]-[내보내기]-[비디오 만들기]-[컴퓨터 및 HD 디스플레이]-[해상도 선택] • [프레젠테이션 품질]-[각 슬라이드에 걸리는 시간(초) 설정]-[비디오 만들기]
완성본	

제작 시 유의 사항

- 대상연령 수준을 고려하여 피피티 슬라이드 전환 속도를 적절히 조절한다.
- 애니메이션 탭을 활용하여 특정 이미지나 텍스트에 애니메이션 효과를 추가함으로써 아동의 관심을 끌 수 있지만, 너무 많은 애니메이션은 혼란을 줄 수 있으니 적절히 사용해야 한다.
- 자연스러운 슬라이드 전환을 위해서는 '동일한 효과 이어가기' 기능을 활용할 수 있다. 이 기능을 사용하면 화면이 전환되더라도 같은 효과가 계속 이어지게 된다.
- 그림 서식 탭에서 그림자나 반사 효과를 사용해 입체감을 더하면 시각적으로 더욱 흥미로운 페이지를 만들 수 있다.

2) 동화 소개

(1) 유래 및 줄거리

'호랑이를 속인 꾀많은 토끼'의 원작은 생성형 AI로 만든 '깜짝! 위험에서 탈출한 날'과 마찬가지로 충청남도 금산에서 유래한 토끼와 호랑이 설화이다. 같은 설화를 토대로 만들어 줄거리는 비슷하지만, '깜짝! 위험에서 탈출한 날'은 1인칭 시점으로 각색했고, '호랑이를 속인 꾀많은 토끼'는 3인칭 시점을 유지하고 있다. 토끼가 힘으로 위협하는 호랑이를 꾀로 골탕 먹인다는 토끼와 호랑이 설화는 강한 상대방을 이기기 위해서는 단순히 힘보다 지혜와 전략도 필요하다는 메시지를 전달한다. 외국에도 이와 유사한 설화가 있다. 토끼는 종종 '사기꾼'(trickster) 캐릭터로 묘사되며, 지혜로운 민중의 상징으로 횡포를 일삼는 권력자에 맞서는 역할을 한다. 이러한 설화들은 권력층에 대한 민중의 저항 의식과 지혜의 중요성을 반영하고 있다(https://ncms.nculture.org/traditional-stories/story/5902).

(2) 교훈 및 교육 효과

- 호랑이의 교만함과 자만심이 어떤 결과를 불러오는지 보여 줄 뿐 아니라 토끼가 호랑이를 용서하는 장면을 통해 관용의 교훈을 얻는다.
- 토끼와 호랑이의 이야기를 통해 자연, 생태 및 동물과의 관계를 탐구할 수 있다.

3) 확장 및 활용

(1) 동화 확장 활동

- 슬라이드 동화를 출력해 등장인물을 오려서 막대인형을 만들어 인형극을 해 볼 수 있다.
- 동화를 읽고 난 후, 아동들이 가장 인상 깊었던 장면을 AI 도구를 활용해 그림을 그려 볼 수 있다.

(2) 디지털 활용

- **포트폴리오 제작하기:** 아동들의 작품이나 활동사진을 모아 포트폴리오 형태로 정리하고, 프레젠테이션을 제작하여 부모님께 제공한다.

- **홍보물 제작하기:** 프로그램이나 기관을 소개하는 홍보자료를 피피티 슬라이드로 제작한 후 동영상으로 변환하여 활용할 수 있다.

제8장

디자인 도구로 디지털 그림책 만들기

1 … 디자인 도구의 이해

1) 개념 및 역사

디자인 도구는 다양한 디지털 환경에서 그래픽 디자인, 웹 디자인, 사용자 인터페이스(UI) 디자인 등을 수행하기 위해 사용되는 소프트웨어를 말한다. 디자인 도구는 프레젠테이션 도구와 목적 및 기능 면에서 다소 차이가 있다. 프레젠테이션 도구는 정보를 시각적 · 청각적으로 효과적으로 전달하는 데 사용되며, 주로 슬라이드 형식을 통해 비즈니스 회의나 교육 발표에 활용된다. 이에 비해 디자인 도구는 주로 창의적인 작업을 통해 시각적 콘텐츠를 제작하는 데 중점을 두고 있다.

디자인 도구의 역사는 1980년대 초반으로 거슬러 올라간다. 최초의 그래픽 디자인 소프트웨어는 1982년에 발표된 'Adobe Illustrator'이다. 1988년에 'Adobe Photoshop'이 출시되면서 디자인 도구의 역사는 크게 변화하였다. 포토샵은 강력한 사진 편집 기능을 제공하며, 그래픽 디자인 분야의 표준이 되었다. 포토샵은 다양한 필터와 효과, 레이어 기능 등을 통해 사용자들이 창의적인 작업을 수행할 수 있도록 도왔다. 21세기 들어 디자인 도구는 더욱 발전하여 클라우드 기반의 협업 기능과 모바일 플랫폼 지원 등 다양한 기능을 갖추게 되었다.

이와 같이 초기의 단순한 그래픽 디자인 소프트웨어에서 시작하여, 클라우드 기반의 협업 도구로 발전한 디자인 도구 중의 하나가 캔바(canva)이다. 2012년 Melanie Perkins, Cliff Obrecht, Cameron Adams가 만든 캔바는 비전문가도 손쉽게 디자인을 할 수 있도록 하기 위해 직관적인 온라인 플랫폼을 제공하였다. 이에 따라 많은 사람이 템플릿을 활용하여 다양한 디자인을 만들기 시작하였다. 초기에는 주로 포스터, 소셜 미디어 콘텐츠와 같은 간단한 디자인 작업에 사용되었지만 점차적으로 교육 콘텐츠와 디지털 동화와 같은 창의적이고 다양한 형태의 디자인으로 그 사용 영역이 확장되었다. 스마트폰, 태블릿, 컴퓨터 등을 통해 접근할 수 있는 디지털 형태의 동화가 인기를 끌기 시작하자 캔바도 애니메이션, 상호작용성, 음성 및 음악 등을 추가하여 아동에게 더욱 흥미롭고 몰입감 있는 학습 경험을 제공하는 방향으로 발전하였다. 2020년대 캔바는 디지털 동화 제작을 위한 템플릿과 기능을 지속적으로 확장해 왔다. 특히 애니메이션 효

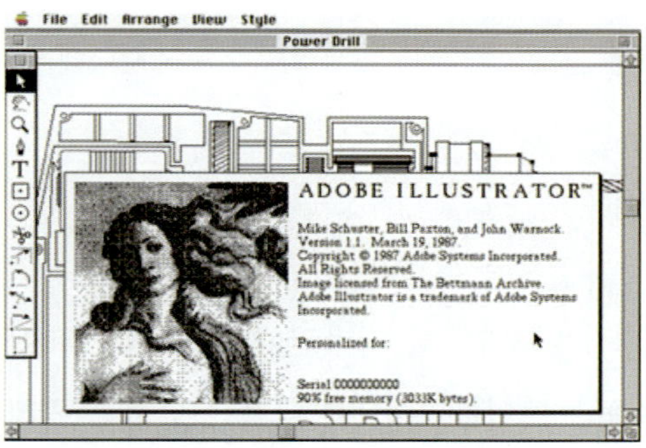

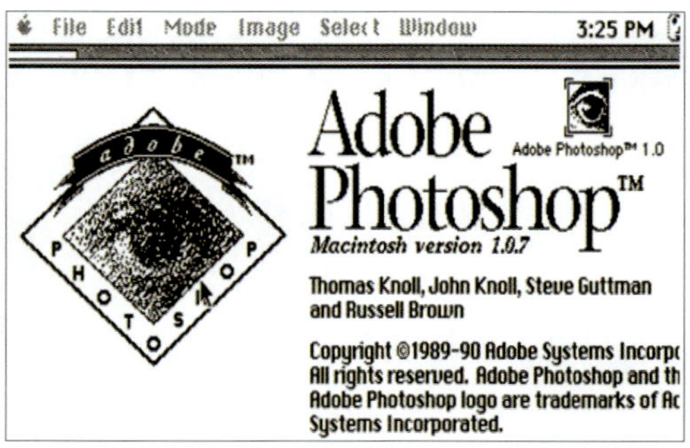

그림 8-1 1982년 Adobe Illustrator 1.1(좌)과 Adobe Photoshop(우)

과 및 음성 녹음, 비디오 템플릿 등의 다양한 도구를 추가하여 디지털 동화를 제작하는 데 유용한 플랫폼으로 자리 잡았다. 이에 교사나 교육 콘텐츠 제작자들은 캔바로 인터랙티브 동화나 애니메이션 동화를 손쉽게 만들 수 있게 되었다. 온라인 학습과 디지털 교육 자료에 대한 수요가 급증하면서 캔바는 교육 분야에 집중적인 기능 개선을 지속하고 있다.

2) 유형 및 특징

(1) 캔바

캔바는 다양한 디자인 템플릿을 제공하여 초보자도 쉽게 시작할 수 있는 직관적인 인터페이스를 자랑한다. 소셜 미디어 그래픽과 포스터 그리고 로고 및 프레젠테이션 등 다양한 콘텐츠를 제작할 수 있으며, 모바일 앱과 웹 버전 모두 제공한다. 또한 팀원들과 실시간으로 협업할 수 있는 기능을 제공하며 사진 편집, 동영상 제작, 애니메이션 등 멀티미디어 기능도 지원한다. 작업한 파일을 클라우드에 저장하여 언제 어디서나 접근할 수 있으며 브랜드 키트를 통해 일관된 디자인을 쉽게 제작할 수 있다. PDF, PNG, JPG 등 다양한 파일 형식으로 저장 및 출력이 가능하며 기본 기능은 무료로 제공되고 고급 기능은 유료 버전으로 업그레이드할 수 있다. 글로벌 사용자 기반으로 많은 참고 자료와 팁, 예시, 다양한 언어를 지원한다.

(2) 미리캔버스

미리캔버스는 2019년 한국 스타트업 미리디에서 개발하였다. 캔바와 미리캔버스 모두 그림을 그릴 때 쓰는 천 '캔버스(canvas)'를 제목에 담고 있다. 그만큼 창작의 밑바탕이 될 템플릿들을 다량 보유하고 있고, 두 플랫폼 모두 저작권 문제없이 자유롭게 템플릿을 편집하고 재창조할 수 있다. 무료 버전과 유료 버전이 있다는 것도 공통점이다. 이렇게 미리캔버스는 캔바와 기능이 거의 비슷하지만, 사용 목적에 따라 유용성이 조금 다르다. 세련된 디자인 자체와 체계적인 시각적 완성도가 중요한 작업에서는 캔바가 적합한 반면, 국내 실무 환경에 적합한 작업이나 한국 사용자에 최적화된 디자인이 요구되는 경우에는 미리캔버스가 더 유용할 수 있다. 미리캔버스는 한글 폰트와 한국 감성의 디자인 자원이 풍부하다는 것도 확실한 장점이다.

(3) 망고보드

망고보드는 2014년에 설립된 한국의 스타트업 푸른밤에서 개발한 온라인 디자인 도구이다. 캔바와 비슷한 직관적인 인터페이스를 제공하며, 유료 버전과 무료 버전이 있다는 것도 동일하다. 가격은 캔바보다 비싼 편이며, 캔바와 달리 실시간 협업 기능은 없다. 또한 웹 기반으로 작동하며 모바일 앱은 아직 제공되지 않는다는 차이도 있다. 미리캔버스와 같이 한국 시장에 최적화되어 있는 디자인 요소를 제공하며, 특히 카드뉴스나 포스터 같은 콘텐츠 제작에 효과적이다. 캔바나 미리캔버스와 달리 배경지우기 기능이 무료라는 장점도 있다.

캔바 미리캔버스 망고보드

그림 8-2 디자인 도구 유형

2 … 캔바 그림책의 특징

1) 장점 및 효과

- 클라우드 기반으로 모바일과 PC 어디서든 접근 가능하여 그림책을 쉽게 제작하고 수정할 수 있다.
- 대본을 제외한 캐릭터 및 배경, 녹음 등이 캔바 안에서 모두 이루어질 수 있어 간편하다.
- 실시간 협업을 통해 콘텐츠를 수정하고 공유할 수 있어 협력적 학습이 가능하다.
- 다양한 시각적 요소와 애니메이션 효과로 아동의 이해와 몰입감을 높여 준다.

2) 단점 및 유의점

- 복잡한 디자인 작업이나 전문적인 동화 제작을 위한 고급 기능이 부족하여 전문가가 쓰기에는 한계가 있을 수 있다. 복잡한 작업이 필요할 경우 다른 고급 디자인 도구를 사용해야 할 수도 있다.
- 무료 자원의 범위가 제한적이며 고급 콘텐츠나 디자인 요소는 유료로 제공된다. 필요에 따라 추가 비용이 발생할 수 있다.
- 클라우드 기반으로 운영되므로 인터넷 연결이 필수적이다. 인터넷이 연결되지 않으면 사용이 불가능하고 인터넷 상태가 불안정할 경우 사용에 불편함이 있다.

3 … 캔바 그림책의 제작 사례

1) 제작단계

제목
〈선녀와 나무꾼〉 충청남도 금산 지역 전래동화인 『선녀와 나무꾼』을 캔바로 이미지와 텍스트를 결합하여 만든 디지털 그림책이다.
준비물
• 등장인물: 선녀, 나무꾼, 사슴 • 등장인물 제작: 선녀, 나무꾼은 캔바의 [Magic Grab]으로 추출 사슴은 캔바의 [요소] 탭에서 다운로드 • 배경 제작: 캔바 • 대사: Chat GPT

<table>
<tr><th colspan="2">제작방법</th></tr>
<tr><td>
</td><td>1. 기획하기
• 『선녀와 나무꾼』 전래동화를 디자인 도구로 제작하기 위해 어떤 플랫폼을 사용할 것인지 정하고 제작 순서도 정한다.
• 구글플레이 또는 앱스토어에서 Canva 앱을 찾아 설치한다.
• PC에서 www.canva.com 주소로 접속하여 회원가입을 한다.</td></tr>
<tr><td>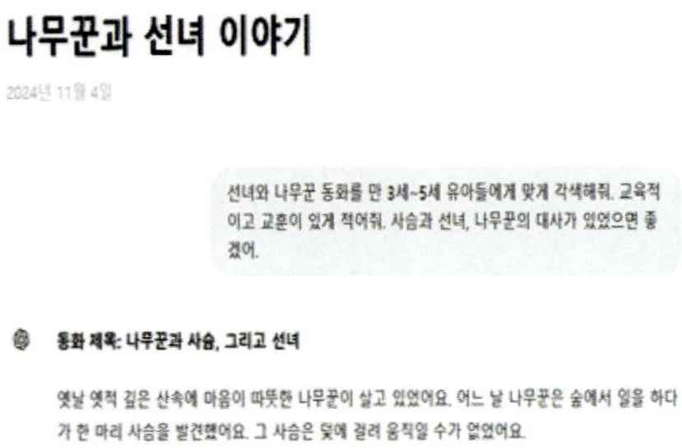
</td><td>2. 각색하기
• Chat GPT를 사용해 전래동화의 이야기를 각색한다.
• 입력 예 "선녀와 나무꾼 동화를 각색하고 싶어요. 대사를 작성해 주세요."</td></tr>
<tr><td>
</td><td>3. 캔바 접속하기
• 캔바(www.canva.com) 홈페이지에 접속하여 로그인한다(30일 동안 pro 체험해 보기를 하면 다양한 유료 작업을 할 수 있다).
• 디자인 생성 기능에서 [프레젠테이션] 템플릿을 선택하여 작업을 시작한다.
[홈 화면 메뉴]-[프레젠테이션]</td></tr>
<tr><td></td><td>4. 등장인물 제작하기
• 그림책에 등장하는 등장인물을 제작하는 방법에는 캔바에 있는 [요소]를 검색하거나 종이 그림책을 스캔하여 등장인물을 추출하는 방법이 있다.</td></tr>
</table>

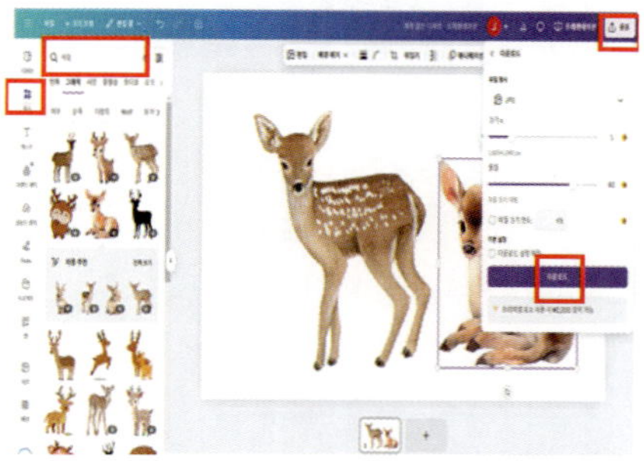	4-1. 등장인물 찾기 • 캔바로 등장인물을 검색한다. [요소]-[검색창]-[등장인물인 사슴 입력]-[원하는 이미지 선택] • 요소 탭에서 원하는 등장인물이 없을 경우에는 그림을 그리거나 책에서 사진을 찍어 캔바의 [Magic Grab]을 사용해 파일을 저장할 수 있다.
	4-2. 등장인물 제작하기 • 이미지에서 등장인물을 추출한다. [업로드 항목] 선택-[등장인물 찍은 파일 선택]-[업로드]-[업로드된 이미지 클릭]-[상단의 편집]-[Magic Grab]
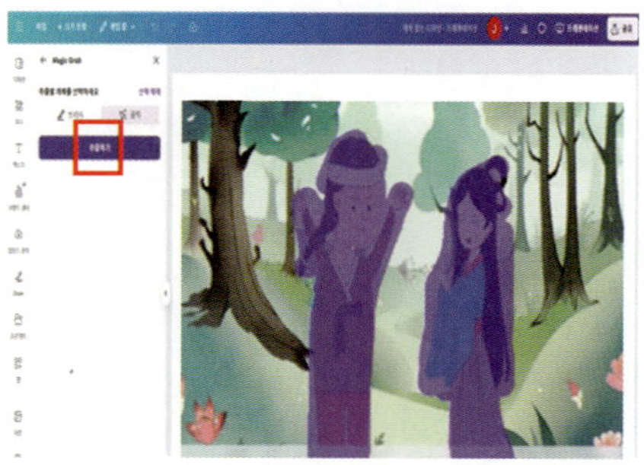	4-3. 등장인물 저장하기 • [Magic Grab]을 클릭하면 왼쪽과 같이 보여진다. [등장인물 클릭]-[추출] • 같은 방법으로 다른 등장인물도 추출한다. • 추출한 이미지를 오른쪽 상단의 [공유] 버튼을 클릭하여 다운로드한다(4-1. 등장인물 찾기 참조).
	5. 그림책 배경 제작하기 • 페이지마다 필요한 배경 이미지를 아래와 같은 방법으로 제작한다. [홈 화면 메뉴]-[프레젠테이션]-[요소]-[검색]-[배경 이미지 검색] 예 숲 배경 동화 이미지 [이미지를 선택하여 페이지에 추가]-[이미지 우클릭]-[이미지를 배경으로 설정]

	6. 배경에 숨어 있는 등장인물 제작하기 • 풀숲 뒤에 숨어 있는 사슴을 표현하기 위해 Magic Grab으로 이미지 추출을 한다.
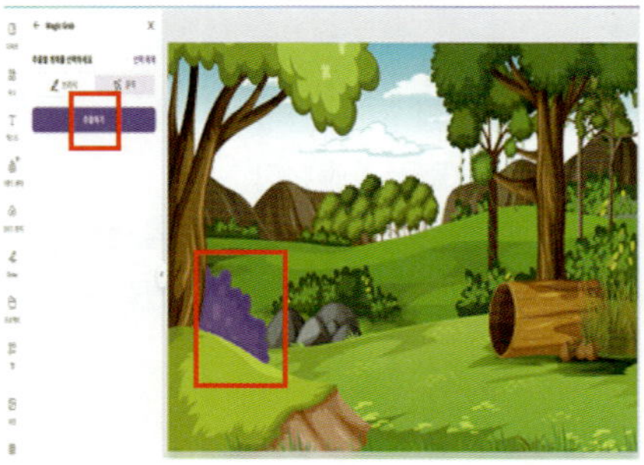	6-1. 배경에서 부분 이미지 추출하기 • 배경에서 풀숲 이미지를 추출하여 분리한다. [이미지 선택]-[편집]-[Magic Grab]-[이미지 추출]
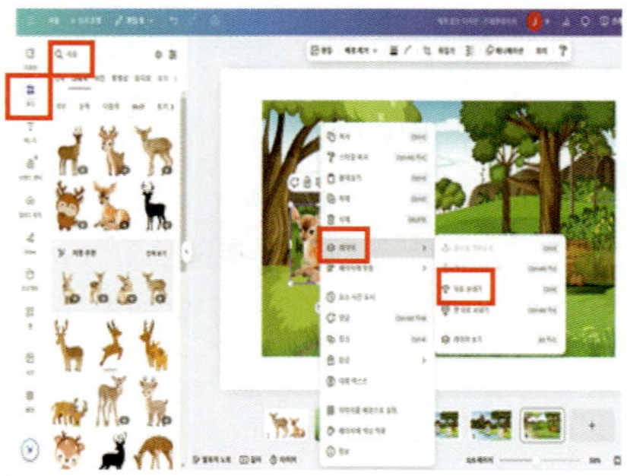	6-2. 등장인물 뒤로 보내기 • [요소]에서 사슴을 검색하여 배경 위에 삽입한다. • 5-1에서 추출한 풀숲 이미지를 사슴 위에 삽입하여 풀숲에 숨어 있는 사슴을 표현한다. [요소]-[사슴을 검색하여 원하는 이미지 선택]-[사슴을 드래그하여 추출한 풀숲 이미지 앞으로 이동]-[사슴을 우클릭하여 레이어 선택]-[뒤로 보내기]
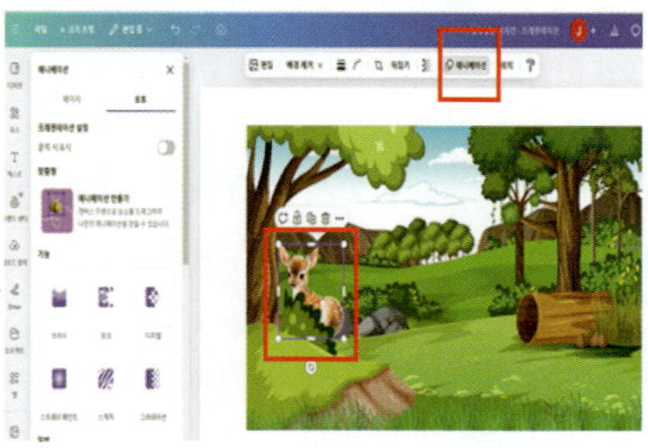	7. 애니메이션 추가하기 • 모든 페이지 등장인물을 하나씩 선택해 애니메이션 효과를 설정한다. [등장인물 선택]-[애니메이션]-[애니메이션 만들기]-[원하는 움직임 선택]

	8. 동화 제목 입력하기 • 배경 이미지에 제목을 추가하여 동화 제목을 입력한다. [1. 텍스트]-[2. 제목추가]-[3. 텍스트 창 클릭]-[동화제목 입력]
	9. 녹음하기 • 캔바에 있는 녹음 기능을 이용한다. • 왼쪽 메뉴 중 [앱]을 선택하여 [Aivoov]로 음성 녹음을 한다. • [앱]에 처음 접속할 때에는 구글 로그인을 해야 한다. [앱]-[검색창에 Aivoov 입력하여 클릭]-[모두 보기 클릭]-[모양 클릭]-[언어와 성별 선택]-[감정과 새로운 음성 체크]-[모두 적용]-[상단 ← **음성** 클릭]
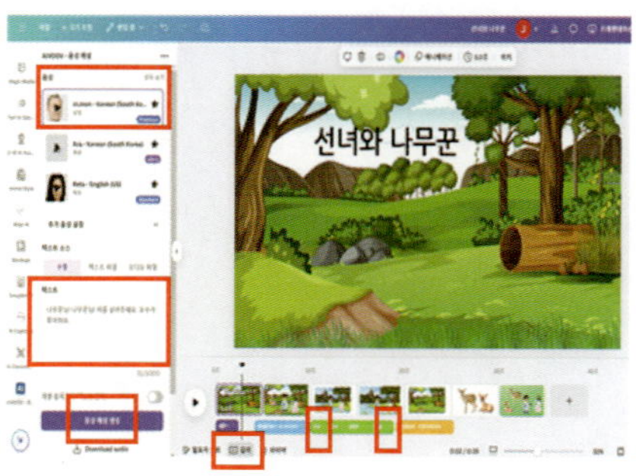	9-1. 대사 입력하기 • [텍스트]에 대사를 입력한다. [음성 선택]-[음성해설생성]을 클릭한다. • 등장인물에 맞게 음성을 선택해 녹음 생성을 할 수 있다. • 슬라이드 하단에 녹음한 트랙이 생성된다. • 하단의 [길이]를 클릭하면 녹음파일 미리 듣기, 볼륨 조절, 페이드, 트랙 추가, 삭제 등을 할 수 있다. • 녹음한 트랙의 양 끝을 드래그하여 슬라이드에 맞게 길이를 조절할 수 있다.
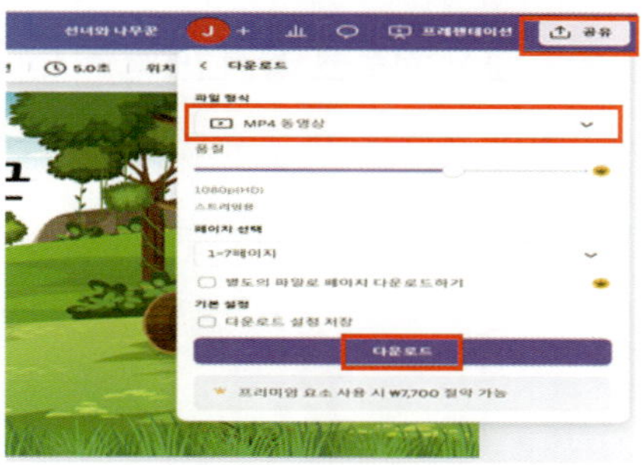	10. 동영상으로 저장하기 [공유]-[MP4 동영상]-[다운로드] • 다운로드 폴더에서 저장된 영상을 선택해 재생할 수 있다.

완성본	

제작 시 유의 사항

- 캔바에서 제공하는 이미지, 아이콘, 배경 등의 사용권을 확인하여 저작권 문제가 없도록 한다. 상업적 용도일 경우 라이선스를 체크하고, 클로바더빙의 음성 파일 사용 권한도 확인한다.
- 텍스트와 이미지를 적절히 배치하여 화면에 지나치게 많은 정보가 쌓이지 않도록 한다. 각 페이지마다 적당한 분량의 텍스트를 사용하고, 텍스트가 잘 보이도록 배경과 대비를 고려한다.
- 각 장면에 맞는 텍스트를 배치하고, 음성 길이에 맞춰 텍스트를 적절히 배분한다. 텍스트와 음성이 동시에 나오는 부분에서 혼동을 피하고, 자연스럽게 전개되도록 한다.

2) 동화 소개

(1) 유래 및 줄거리

선녀와 나무꾼 이야기는 금산 지역에서 유래한 전설이다. 금산의 아름다운 자연, 특히 금산사 주변에서 선녀들이 목욕을 하던 장면이 이야기의 배경이 된다. 나무꾼은 선녀의 옷을 훔쳐 선녀와 결혼하지만, 그녀는 결국 옷을 찾아 하늘로 돌아간다. 이 이야기는 인간과 신의 갈등과 사랑을 다루며, 금산의 문화와 자연을 반영하고 있다. 금산은 이 전설을 통해 지역의 전통과 신비로운 자연을 상징하는 장소로 알려져 있다. 선녀와 나무꾼은 금산을 대표하는 민속 이야기로 자리 잡고 있다(https://ncms.nculture.org/traditional-stories/story/6175).

(2) 교훈 및 교육 효과

- 나무꾼의 친절한 행동을 통해 친절, 배려, 협력을 배우고, 공감 능력을 키우는 등 인성교육에 효과적이다.
- 지역사회에서 타인을 돕는 방법을 배우고 감정표현과 협력의 중요성을 실천할 수 있다.

3) 확장 및 활용

(1) 동화 확장 활동

- 숲체험을 통해 다양한 동식물을 발견하고, 선녀와 나무꾼이 행복하게 살 수 있도록 자연을 보호하는 활동에 참여한다. 이 활동을 통해 숲속에서 쓰레기를 주워 자연을 깨끗하게 유지하는 방법과 동물들이 안전하게 살 수 있는 환경을 만드는 법을 배운다.
- 지역 동물 보호소를 방문해 보호받고 있는 동물들을 만나고, 동물들이 안전하게 지낼 수 있도록 돕는 방법에 대해 배운다. 동물 보호소에서 장난감 기부나 후원금 모금 등의 작은 후원 활동을 통해 동물 보호의 중요성을 실천한다.

(2) 디지털 활용

- **놀이신문 만들기**

놀이 활동이 마무리가 되면 교사는 놀이의 흐름에 따라 주제에 맞는 캔바의 템플릿을 사용하여 놀이신문을 만든다. 이때 놀이를 한 아동의 방향성이 잘 반영이 되도록 캔바의 요소를 적절히 사용한다. 같은 방식으로 가정통신문, 카드 뉴스, 안내장 등 기관의 운영에 필요한 콘텐츠를 만들 수 있다. 지루할 수 있는 안내장에 AI 목소리를 넣어 모바일 안내장을 만들면 부모들의 호응을 이끌 수 있다.

- **기본생활습관 만들기**

캔바를 활용하여 제작한 영아 및 유아 대상의 기본 생활습관 및 안전교육 자료는 효과적인 교육 도구가 될 수 있다. 캔바를 이용하면 아이들의 얼굴과 활동사진을 포함하여 자료를 아이들의 특성과 경험에 맞게 구성할 수 있어, 자기효능감과 책임감을 더욱 높이는 데 도움이 된다. 또한 교실에 지속적으로 게시된 자료는 아이들이 반복적으로 접하며 자연스럽게 올바른 생활습관을 형성하도록 돕는다.

특히 아이들은 또래 친구의 행동을 관찰하고 모방하는 경향이 있는데, 이는 비고츠키의 사회적 상호작용 이론에 따라 긍정적인 행동을 유도하는 데 효과적이다. 따라서 캔바를 활용한 시각 자료는 아이들의 발달 단계에 적합하며, 행동 변화를 촉진하는 교육적 접근 방식으로 매우 유용하다.

제9장

메타버스로 디지털 그림책 만들기

1 ··· 메타버스의 이해

1) 개념 및 역사

메타버스(Metaverse)는 '초월' 또는 '가상'을 의미하는 메타(meta)와 '우주' 또는 '세계'를 뜻하는 유니버스(universe)의 합성어로, 가상 세계(Virtual Worlds)를 의미한다. 메타버스는 기존의 가상 현실(Virtual Reality)과 유사하지만, 더 발전된 개념으로, 사용자들은 가상 공간(Virtual Space)에서 자신의 아바타를 통해 실제 현실과 같은 활동을 할 수 있다. 과거에는 디지털 기반의 게임 콘텐츠가 주요 산업이었지만, 이제는 교육, 의료, 유통, 문화, 부동산 등 다양한 분야에서 사용되고 있다(정유진, 서은숙, 2022). 이와 같이 메타버스는 계속해서 진화하고 있으며, 하나의 고정된 개념으로 정의하기는 어렵다. 페이스북, 인스타그램, 카카오스토리 등에서 일상을 공유하는 것, 인터넷 카페에서 활동하는 것, 온라인 게임을 즐기는 것 등 모든 활동이 메타버스에서 살아가는 방식이다(김상균, 2021).

메타버스라는 개념은 1992년 닐 스티븐슨(Neal Stephenson)의 공상과학소설 『스노우 크래시(Snow Crash)』에서 처음 사용되었다. 이 소설은 현실과 디지털 아바타를 통한 소통을 중심으로 한 가상 세계를 묘사하였다(이승환, 2021). 이후 메타버스 개념은 다양한 매체에서 언급되며, 가상 현실과 인터넷의 융합에 대한 논의가 시작되었다. 2003년 가상세계 플랫폼인 세컨드 라이프(Second Life)가 출시되면서 메타버스 서비스가 본격적으로 시작되었다. 이 플랫폼은 사용자가 아바타를 생성하고 가상의 공간에서 다양한 활동을 할 수 있도록 지원하였다. 사용자들은 자신의 콘텐츠를 만들고 거래하여 메타버스의 초기 경제 모델을 형성하는 데 기여하였다. 2020년대에 들어서면서 메타버스 서비스가 더욱 발전하였다. 로블록스(Roblox), 제페토(Zepeto) 등과 같은 플랫폼들이 인기를 끌면서 다양한 사용자가 참여하게 되었다. 이들 플랫폼은 게임, 소셜 미디어, 경제 활동을 통합하여 사용자에게 몰입감 있는 경험을 제공하고 있다. 또한 기업들이 메타버스에 관심을 가지기 시작하면서 가상 회의, 이벤트, 마케팅 등 다양한 분야에서 메타버스 활용이 증가하고 있다.

2) 유형 및 특징

메타버스의 유형을 분류한 곳은 미국의 기술연구 단체인 미래 가속화 연구 재단(Acceleration Studies Foundation, ASF)이다. ASF는 메타버스를 기술의 적용 방식(증강 또는 시뮬레이션)과 대상의 지향 범위(바깥세상 또는 안쪽세상) 등 두 가지 축에 따라 다음 네 가지 유형으로 분류한다. 첫째, 현실 세계에 가상의 정보를 덧붙여서 보여 주는 증강 현실(Augmented Reality), 둘째, 완전히 가상의 공간에서 활동하는 가상 세계(Virtual Worlds), 셋째, 현실 세계를 그대로 반영하여 디지털로 표현하는 거울 세계(Mirror Worlds), 넷째, 자신의 일상과 경험을 기록하고 공유하는 라이프 로깅(Life Logging)이다(이인화, 2021).

그림 9-1 메타버스 4유형

출처: 홍성용(2022).

(1) 증강 현실(Augmented Reality)

증강 현실은 현실 공간에 가상의 2D 또는 3D 물체가 겹쳐져 상호작용하는 환경을 만드는 기술이다. 대표적인 예로는 포켓몬 GO가 있다. 이 게임은 앱과 카메라를 통해 현실에 가상의 3D 객체를 겹쳐 보이게 하여 다양한 효과를 창출한다. 스노우 앱과 같은 증강 현실 콘텐츠는 사용자가 원하는 연예인, 동물, 게임 캐릭터를 소환해 함께 사진을 찍을 수 있는 환경을 제공한다.

(2) 거울 세계(Mirror Worlds)

거울 세계는 실제 세계의 정보를 가상 공간에 투영한 형태의 가상 세계이다. 구글어스가 대표적인 예로, 위성 이미지와 지도를 통해 전 세계의 정보를 제공한다. 또한 Zoom과 같은 화상 회의 플랫폼도 거울 세계의 활용 사례이다. Zoom은 사용자가 물리적 거리에 구애받지 않고 가상 공간에서 회의나 교육을 진행할 수 있도록 하며, 현실 세계의 정보를 디지털로 전달하여 실시간 소통과 협업을 가능하게 한다.

(3) 라이프 로깅(Life Logging)

라이프 로깅은 개인의 삶을 기록하고 공유하는 서비스로 취미, 건강 등 다양한 개인 활동을 영상, 사진 또는 텍스트로 기록하여 다른 사용자와 공유할 수 있다. 나이키 런 클럽(NRC) 앱은 사용자가 달리기를 하면 뛴 코스를 지도에 표시하고 평균 페이스와 칼로리 소모량을 알려 준다. 인스타그램, 페이스북, 카카오톡과 같은 플랫폼도 라이프 로깅의 예이다(강주현, 허나원, 정연숙, 2024).

(4) 가상 세계(Virtual Worlds)

가상 세계는 현실을 반영하면서도 현실과 다른 가상 공간에서 아바타가 활동하는 공간이다. 가상 세계는 게임형, 생활형, 직장형으로 구분할 수 있다. 게임형 가상 세계에는 리니지와 포트나이트가 있으며, 생활형 가상 세계에는 제페토와 로블록스가 있다. 직장형 가상 세계에는 메타폴리스와 가상 오피스가 포함된다. 가상 세계에서는 사용자들이 다른 아바타와 소통하고 다양한 활동을 수행하며, 새로운 콘텐츠나 아이템을 만들어 다른 사람들과 공유하거나 판매할 수 있다(박상준, 2021).

이 중 잘 알려진 제페토를 중심으로 살펴보겠다. 생활형 가상 세계인 제페토는 네이버 Z가 2018년 8월에 출시한 증강 현실(AR) 기반 아바타 서비스로, 사용자가 얼굴 인식을 통해 3D 아바타를 생성하고 다양한 가상 현실을 경험할 수 있다. 제페토는 사회적 상호작용을 중시하며, 사용자들이 온라인 SNS 기능을 통해 소통하고 새로운 관계를 형성할 수 있게 한다. 제페토는 게임, 이벤트, 전시 등 다양한 형태로 구성되어 있으며, 사용자가 자신만의 아이템 공간을 디자인하고 제작할 수 있는 기능도 제공한다. 이러한 요소들은 제페토를 매력적인 플랫폼으로 만들어 사용자들의 적극적인 참여를 유도한다(남고은, 2024).

2 ··· 메타버스 그림책의 특징

1) 장점 및 효과

- 제페토에서는 아동이 그림을 직접 그리지 않고도 등장인물에 맞는 아바타나 배경 장면 아이템을 이용해 쉽게 구성할 수 있다.
- 나이, 성별, 학력, 재산, 직업, 장애 등을 따지지 않고 아바타로 동등하게 소통하고 상호작용할 수 있는 환경을 제공한다. 메타버스에서는 자유롭게 소통하고 콘텐츠를 공유하는 새로운 문화가 형성될 수 있는(박상준, 2021) 소셜미디어의 기능을 제공한다.
- 동화 내용으로 만들어진 가상 공간은 아동이 마치 동화 속에 들어와 있는 듯한 실재감을 느끼게 한다. 현실 세계와 가상 세계 사이의 경계를 허물며, 새로운 차원의 경험을 제공할 수 있다(강주현, 허나원, 정연숙, 2024).
- 동화 내용에 맞는 아이템과 콘텐츠를 활용하여 사용자가 직접 동화를 기획하고 연출하면서 자신만의 방식으로 표현할 수 있다. 이 과정에서 사용자는 아바타 커스터마이징을 통해 동화의 창작자이자 편집자로서 역할을 수행하며, All-in-one 방식의 새로운 문학 콘텐츠를 제작할 수 있다(차진명, 송지혜, 2022).
- 동화책을 제작하는 과정에서 내용을 극적으로 표현하기 위해 화면을 당기거나 늘리는 줌인, 줌아웃 기능을 활용하여 아바타의 움직임을 조정할 수 있다. 1인칭 시점과 3인칭 시점을 적절히 활용하여 화면 구도를 변화시키면 아동들에게 흥미를 유발하고 다양한 시각적 경험을 제공할 수 있다.

2) 단점 및 유의점

- 메타버스에서는 사용자의 개인정보와 데이터가 수집되고 저장된다. 이로 인해 해킹이나 데이터 유출의 위험이 발생하며, 아바타를 통해 자신을 숨길 수 있는 환경은 사이버 범죄의 위험을 높인다. 특히 아동과 청소년이 범죄 요소에 노출될 수 있어, 이에 대한 현실적인 대안 마련이 필요하다. 따라서 아바타를 제2의 인격체로

인식하고 사회적 및 윤리적 관점에서 아바타 활용에 대한 교육이 필요하다(허나원, 강주현, 이상수, 2023). 이러한 교육은 사용자들이 메타버스에서의 행동과 그에 따른 책임을 이해하도록 돕고 안전한 온라인 환경을 조성하는 데 기여할 것이다.

- 장시간 메타버스에 몰입하는 것은 정신적 및 신체적 건강에 부정적인 영향을 미칠 수 있다. 가상 현실 환경에서 지속적인 사용은 눈의 피로, 불면증 등을 초래하며 현실 세계의 활동을 소홀히 하여 사회적 고립이 발생할 수 있다.
- 메타버스에서의 상호작용은 가상 아바타를 통해 이루어지므로 실제 인간관계와는 다른 형태의 소통을 유도할 수 있다. 이는 사람들 간의 진정한 유대감을 약화시킬 수 있다.
- 동화 등장인물에 맞는 아바타를 꾸미기 위해서는 코인 또는 젬(ZEM)이라는 가상화폐가 필요하다. 그러나 기본적으로 제공되는 아이템으로도 아바타를 구성할 수 있다. 아동들에게는 가격을 낮은 순으로 정렬하면 무료 아이템을 찾을 수 있으므로 구매하지 않고 제공된 코인을 활용하는 방법을 알려 주는 것이 좋다(김규섭 외, 2022).
- 제페토에서 카메라를 이용해 촬영할 때 촬영 시점과 모드를 장면과 대사에 맞게 잘 구성해야 한다. 방향키 사용이 어려운 경우 왼손과 오른손을 적절히 활용하여 아바타를 구동하고 촬영 시점을 효과적으로 활용할 수 있도록 연습이 필요하다.

3 … 메타버스 그림책의 제작 사례

1) 제작단계

제목
〈구렁덩덩 신선비〉 충청남도 천안 지역의 전래동화 『구렁덩덩 신선비』를 제페토를 활용해 만든 디지털 그림책이다.

<table>
<tr><th colspan="2">준비물</th></tr>
<tr><td colspan="2">

• 등장인물: 구렁덩덩 신선비, 김부자집 첫째 딸, 둘째 딸, 셋째 딸(각시), 할머니, 산신령, 아저씨, 구렁이, 독수리
• 제페토에서 등장인물에 맞는 아바타 생성하기: 아동들과 제페토 안의 아이템을 골라서 등장인물에 맞는 아바타를 생성한다.
• 스토리, 배경: 제페토 월드
• 이야기 녹음: VLLO
• 편집: VLLO

</td></tr>
<tr><th colspan="2">제작방법</th></tr>
<tr><td>

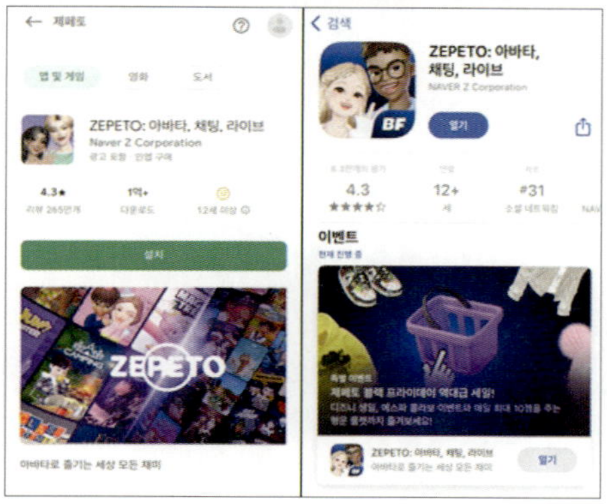

</td><td>

1. 기획하기
•『구렁덩덩 신선비』 전래동화를 제페토로 제작하기 위해 어떤 플랫폼을 사용할 것인지 정하고 제작 순서도 정한다.
• 구글플레이 또는 앱스토어에서 '제페토(JEPETO)'를 검색한 후 다운로드하여 설치한다(14세 미만의 어린이가 제페토에 가입하기 위해서는 법정대리인의 동의가 필요하니 교육기관에서 가입하려면 이 점을 유의해야 한다).

</td></tr>
<tr><td>

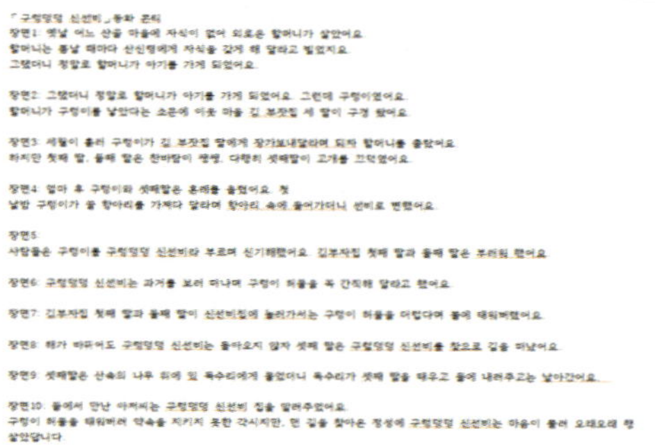

</td><td>

2. 각색하기
•『구렁덩덩 신선비』 동화를 제페토로 제작할 수 있도록 장면별로 이야기를 구성한다(장면 나누기, 인물의 대사, 장면별 배경 정하기).

</td></tr>
<tr><td>

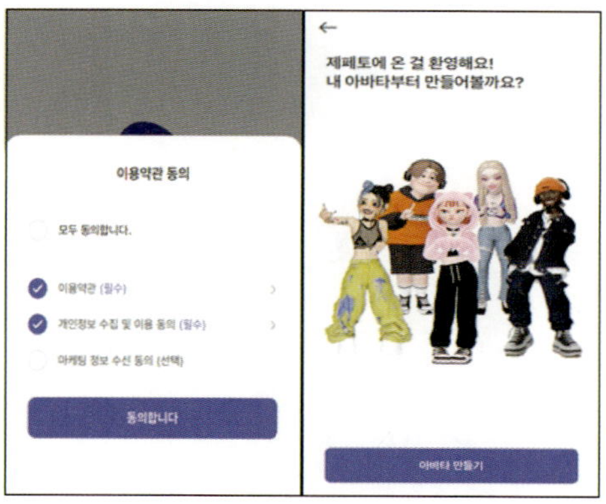

</td><td>

3. 등장인물 제작하기
• 제페토 회원가입을 하기 위해서는 아바타를 먼저 만들어야 한다. 아바타 만들기를 한 후 개인정보를 등록한다.
• 디지털 그림책에 나오는 등장인물 수에 맞게 아바타를 만든다(등장인물 수만큼 아바타를 생성해야 하므로 아바타 개별 계정이 필요하다).

</td></tr>
</table>

	3-1. 아바타 꾸미기 • 제페토 동화책 등장인물에 맞게 아이템을 이용하여 아바타를 꾸며 준다. [체형]-[헤어스타일]-[머리스타일 장식/모자]-[얼굴형] 등 순서에 따라 이동하면서 하단 체크(✓) 표시를 이용하여 아바타를 꾸민다. • 수정할 경우 되돌리기(↻)를 한다. • 아바타를 완성한 후 '제페토에게 이름을 지어줘'라는 화면이 나오면 아바타 이름을 동화책 등장인물로 쓰고 [완료]를 탭한다.
	4. 배경 제작하기 • 월드 생성하기를 해 배경을 제작한다. • 하단의 [월드]를 눌러서 동화 내용에 맞는 월드를 검색한 후 선택해서 입장한다. [월드]-[상단 비공개방 만들기]-[동화 주제에 맞는 월드 검색]-[방선택]-[다음]-[만들기](비공개를 선택해야 동화책 제작 중 초대하지 않은 다른 아바타가 들어오지 않는다.) • 등장인물 아바타를 월드에 초대한다. [좌측 상단 초대]-[초대링크 전송]
	5. 제페토 구동방법 알아보기 • 월드 오른쪽 상단에는 [인원수] [방관리] [친구초대]가 있고 왼쪽 상단에는 [상점] [도감] [월드 퀘스트] [방 나가기]가 순서대로 있다. • [상점] 월드 사용 아이템 구매 • [도감] 물이 표시된 월드에서 가능한 기능 • [월드 퀘스트] 월드에서 코인을 받을 수 있는 미션 확인 • [친구 초대] 자신의 맵으로 친구를 초대 • [방 나가기] 지금 맵에서 나가기

	5-1. 월드 하단 메뉴로 아바타 구동하기 • 하단에는 오른쪽부터 [방향키] [화면전환] [마이크] [대화하기] [배낭] [포즈] [카메라] [점프키] [즐겨찾기 슬롯]이 있다. • 하단 메뉴는 아바타 구동 메뉴로 조작 방법에 따라 구동을 해 본다. [방향키] 왼쪽 엄지손가락을 방향키에 올린 상태에서 위, 아래, 오른쪽, 왼쪽으로 밀면서 아바타를 움직인다. • 오른쪽 손으로 화면을 360°로 돌리면 다양한 각도에서 보거나 화면을 확대하거나 축소할 수 있다.
	5-2. 제스처, 포즈 조작하기 • [제스처] [포즈 조작키]는 등장인물의 행동을 나타낸다. • 등장인물과 이야기의 내용에 맞게 어떤 제스처와 포즈를 사용할지 제스처와 포즈 옆에 별 표시[ ]를 탭하여 사용하기 쉽게 즐겨찾기 해 놓는다.
	6. 촬영하기 • 카메라로 이미지나 영상을 촬영한다. 위의 '제페토 구동방법'을 참고하여 동화 내용에 맞게 제스처와 포즈를 하고 동화 내용 순서대로 장면을 촬영한다. • 카메라로 촬영을 하고 나면 다음 장면으로 넘어가기 전에 꼭 저장한다. (아바타가 움직이는 모습을 촬영할 때에는 방향키를 잘 움직이는 것이 중요하다.)
	6-1. 관전자 시점으로 촬영하기 • 카메라로 촬영 시 1인칭 시점과 3인칭(관전자) 시점으로 선택이 가능하므로 장면에 맞게 모드를 변경하여 촬영한다. • 왼쪽 상단 메뉴의 눈 모양을 눌러 [관전자로 이동하기]로 변경한다. 제페토 월드에서 이야기에 따라 아바타가 활동하는 영상을 촬영한다.

<table>
<tr><td>
</td>
<td>6-2. 드론 보이지 않게 설정하기
• [관전자 모드]는 전체적인 배경과 등장인물이 구도 안에 다 들어와야 할 때 사용한다. 이때 화면 하단 왼쪽 드론 아이콘을 탭해 드론이 보이지 않게 촬영한다.</td></tr>
<tr><td>
</td>
<td>6-3. 아바타별 시점을 선택하여 촬영하기
• 오른쪽 하단의 아바타를 설정해서 대상 아바타의 시점으로 촬영이 가능하다.
• 동화 내용을 극적으로 표현하기 위해서 드론, 아바타 시점을 선택하여 촬영할 수 있다.</td></tr>
<tr><td></td>
<td>7. 저장하기
• 가운데 하단에 있는 [저장하기]를 선택하여 촬영한 영상을 저장한다.
• 태블릿에 저장된 파일을 동화책 줄거리 순서대로 저장한다.</td></tr>
<tr><td>
</td>
<td>8. 동영상 편집하기
• 동영상 편집 프로그램인 블로(VLLO)로 영상을 편집한다.
• 블로(VLLO) 하단에 [새 프로젝트 비디오 만들기]를 선택한다.
• [모든 사진]에서 [비디오]를 선택한다.
• 저장된 동영상(MP4)을 그림책 순서대로 선택하여 불러온다.
• [제목]-[화면비율]-[영상 배치]를 한 후 [프로젝트 생성하기]를 한다.</td></tr>
</table>

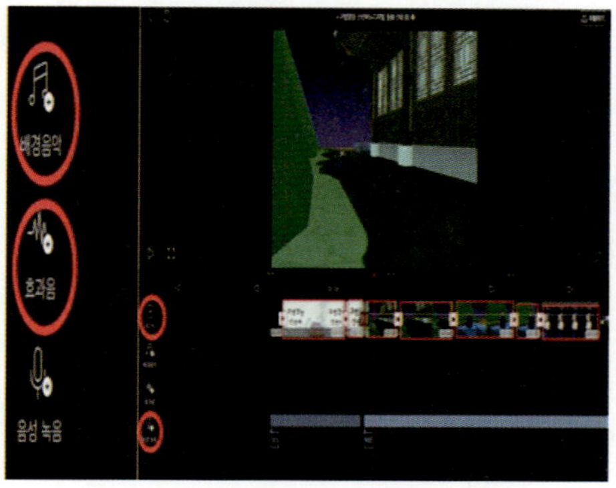

9. 녹음하기

- 블로(VLLO) 왼쪽 메뉴의 [음성 녹음]을 선택하여 동화 내용을 음성으로 녹음하여 저장한다.
- 저장된 동영상마다 동영상 재생 시간에 맞게 등장인물 목소리를 녹음하고 하단 [완료]를 선택하여 저장한다.
- 동화책 장면에 필요한 배경 음악과 효과음을 찾아서 삽입한 후 하단 완료를 선택하여 저장한다.
- 블로(VLLO)에서 지원되는 음원을 사용하여 저작권에 문제가 없도록 한다.

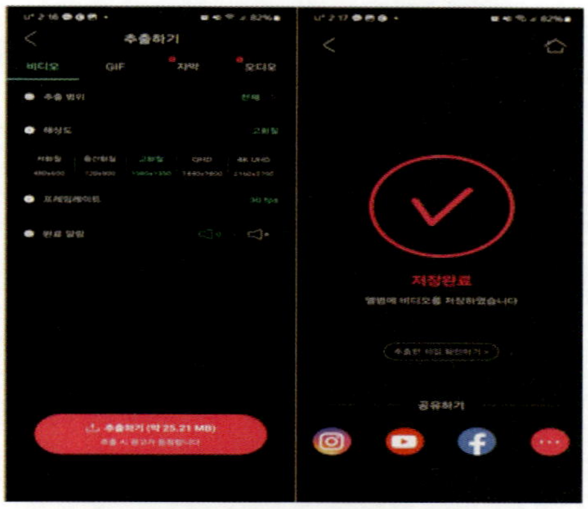

10. 완성하기

- 오른쪽 상단 [추출하기]를 눌러 추출 범위, 해상도, 프레임레이트, 완료 알림을 선택하고 하단 [추출하기]를 눌러 저장한다.

완성본

제작 시 유의 사항

- 동화 내용에 맞는 아바타를 정해서 옵션(의상, 헤어, 메이크업)을 정하는 것은 시간이 많이 소요될 수 있으며, 유료 아이템을 구입할 수도 있음을 유의한다.
- 제페토에서 촬영 모드에 따라 아바타 시점과 관전자 시점에서 촬영할 수 있기 때문에 촬영 전에 촬영 동선과 아바타의 제스처, 포즈 및 동선을 연습해야 한다.
- 대사를 녹음할 때, 한 프레임씩 대사를 녹음하면 전체적인 음성 녹음이 원활하게 진행될 수 있다.

2) 동화 소개

(1) 유래 및 줄거리

충청남도 천안시 동남구 목천읍 입장면 일대에서 전해오는 '구렁이 신랑' 설화는 뱀 신랑에게 시집간 셋째 딸의 이야기이다. 뱀 신랑에게 시집간 셋째 딸이 금기를 어겨 신랑과 헤어진 후 고난을 겪으며 다시 재회하는 여성 영웅담이다. 이 설화는 한국의 여러 지역에서 전해지는 유형으로 '뱀 신랑 설화'나 '구렁덩덩 신선비' 등의 다양한 제목으로 구전되고 있다. 사람의 몸을 통해 태어난 구렁이와 인간의 혼인, 구렁이의 변신, 금기 그리고 주인공의 고난 극복 등의 요소를 포함하고 있다. 한국 특유의 자생 설화로 해석될 수 있다(한국학중앙연구원-향토문화전자대전).

(2) 교훈 및 교육 효과

- 동화책에 나오는 등장인물 아바타를 제페토 안에서 아동들이 터치하거나 클릭하여 직접 조작함으로써 동화에 대한 이해도와 몰입도를 높일 수 있다.
- 제페토 안에서 다른 아바타들과 소통함으로써 아동들은 또 다른 사회관계를 형성하고 증진하는 데 도움을 받을 수 있다.
- 가상 공간에서 다양한 배경을 통해 아바타로 간접 경험을 하면서 아동들은 여러 문화를 경험하고 참여도를 높일 수 있다.
- 이전에는 단순히 디지털 기기를 사용해 영상을 보는 데 그쳤다면 제페토 안에서 아바타를 능동적으로 움직이고 조작해 봄으로써 디지털 기기에 대한 관심을 높일 수

있다.

3) 확장 및 활용

(1) 동화 확장 활동

- 제페토의 아바타를 경험한 후, 아동이 태블릿의 그림판을 사용해 자신의 캐릭터를 그려 볼 수 있도록 한다. 이 과정에서 아동은 창의력을 발휘하여 캐릭터의 외모, 의상, 표정을 자유롭게 디자인할 수 있다.
- 견학을 가기 전 사전 활동으로 제페토 월드 안에 있는 놀이공원, 동물원, 아쿠아리움 등에 입장하여 간접체험을 할 수 있다.

(2) 디지털 활용

- **메타버스 오리엔테이션 진행:** 맞벌이 가족이나 어린 자녀가 있어 오리엔테이션에 오기 어려운 부모들을 위해 메타버스 안의 가상 교실을 만들어 초대한 후 오리엔테이션을 진행한다. 마찬가지로 부모교육도 메타버스를 이용해 실시할 수 있다.

메타버스 오리엔테이션 안내문

○○○ 가족 여러분, 안녕하세요? 저희 원에서는 자녀들의 새로운 시작을 축하하며, 메타버스에서 오리엔테이션을 진행하고자 합니다. 맞벌이 부모님들의 참여를 높이고, 디지털 시대를 살아가는 아이들을 위해 부모님들이 디지털 환경에 적응하실 수 있도록 메타버스를 선택하였습니다. 아래 내용을 참고하시어 많은 참여 부탁드립니다.

❒ **날짜 및 시간**: 202○년 ○월 ○○일 ○○시

❒ **장소**: 메타버스 플랫폼(https://z3p.me/6uHsVY3?invite_user=JNEU3X)

❒ 오리엔테이션 내용

- 원 소개 및 교육 목표
- 교사 소개 및 학급 운영 방안
- 특색 프로그램 안내
- 학부모 참여 방법 및 소통 채널
- 질의응답 시간

❒ 메타버스 접속방법 안내

1. 접속 방법: [플랫폼]에 접속합니다. → 회원가입 후 로그인합니다.
   → 제공된 링크를 클릭하여 오리엔테이션에 참여합니다.
2. 메타버스 오리엔테이션 준비물: 안정적인 인터넷 연결 → PC 또는 모바일 기기 (핸드폰, 태블릿 PC)

❒ **문의 사항**: [원 연락처]

부모님들의 많은 관심과 참여를 부탁드리며, 디지털 시대 우리 아이들과 함께하는 즐거운 원 생활을 기대하겠습니다. 감사합니다.

○○○○원 드림

제10장

코딩으로 디지털 그림책 만들기

1 ··· 코딩 그림책의 이해

1) 개념 및 역사

코딩(coding)은 컴퓨터 언어인 코드(code)를 이용하여 컴퓨터 프로그램을 만드는 것을 말한다. 코딩교육은 이와 같은 컴퓨터 프로그래밍을 가르치는 것이다. 코딩을 모르면 글을 못 읽는 것과 비슷한 시대가 됨에 따라 많은 유아교육기관과 부모들이 코딩교육에 많은 관심을 보이고 있다. 그러나 어린 아동의 경우에는 컴퓨터 언어 자체를 가르치는 것이 어렵기 때문에 '초기코딩활동'(early coding activity)이나 '사전코딩활동'(pre-coding activity)의 개념으로 접근하는 것이 적절하다(한유미, 2023). 이러한 코딩교육은 누리과정의 중점인 자율성과 창의성 및 전인발달에도 도움이 된다.

아동코딩의 역사는 1980년 시모어 페퍼트(Seymour Papert)가 최초로 아동교육용 컴퓨터 프로그램 '로고(Logo)'를 개발하면서 시작되었다. 장난감 로봇인 거북을 움직이기 위해 이동 방향과 각도, 거리 등의 단순 명령어를 순서대로 배열하여 컴퓨터를 원격 조종하도록 프로그래밍한 로고는 당시로서는 첨단 문물이었던 컴퓨터와 아동의 놀이를 융합한 획기적인 시도였다. 페퍼트는 컴퓨터가 아동에게 의미 있는 물체로서 '생각에 대해 생각하는 방법'을 열어 줄 것이라고 믿었다. 이러한 생각은 구성주의 철학에 바탕을 둔 것이다(한유미, 2023).

아동을 대상으로 한 코딩교육에서 첫 번째 장벽은 영어였다. 상용 프로그램의 코드를 보면 영어로 돼 있어 영어를 알고 자판으로 입력해야 한다. 그래서 전에는 일찍이 코딩교육을 한다고 해도 대개 초등학교 고학년부터 시작하였다. 하지만 스크래치나 엔트리와 같은 블록코딩 언어가 등장하면서 이 장벽이 깨졌다. 레고 블록을 맞추는 것처럼 블록을 끼워 넣어 코드를 만들 수 있기 때문이다.

이 중 엔트리는 한국에서 만들어졌다. 네이버 커넥트 재단에서 2013년 개발, 운영하는 비영리 소프트웨어 교육 플랫폼으로 스크래치와 함께 현재 교육용 프로그래밍 언어(EPL) 중에서 국내에서 가장 많이 사용되고 있다. 2015 개정 교육과정에 따라 엔트리가 교육용 코딩 언어로 채택되어 전국의 초·중학교 학생들을 대상으로 한 소프트웨어 교육플랫폼으로 개발되었다. EBS의 '소프트웨어야 놀자'와 같은 국내 코딩교육 프로그램들도 스크래치와 함께 엔트리를 사용하고 있다(https://namu.wiki).

'Entry'의 뜻이 '입장'인 것처럼 엔트리는 누구나 쉽게 활용할 수 있다. 일상언어로 이루어진 명령어 블록을 순서대로 조립하여 게임, 애니메이션, 프로그램 등을 만들고 다른 사람과 공유할 수 있다. 이와 같이 엔트리는 글자로만 하는 프로그래밍이 아니라 그림을 활용한 비주얼 프로그래밍 플랫폼이다. 또한 엔트리는 학습 기능, 교육자료, 강의 기능 등 학습 관련 기능이 많이 발전되어 교육중심적인 면을 가지고 있다. 엔트리는 다음과 같이 디지털 동화 제작에도 사용될 수 있다.

2) 유형

아동을 대상으로 한 코딩교육은 단순히 공식과 지식을 습득하는 것이 아니라 사물을 어떻게 움직이고 문제를 해결할지 논리적으로 사고하는 능력을 키우는 교육이라 할 수 있다(김경미, 2024). 컴퓨터와의 연결 여부에 따라 크게 언플로그드 코딩과 플러그드 코딩으로 나뉜다.

(1) 언플러그드 코딩

언플러그드 코딩(unplugged coding)은 '플러그를 뽑다'라는 뜻으로 컴퓨터나 태블릿 없이 이뤄지는 것을 말한다. 컴퓨터를 사용하지 않고도 보드게임이나 교구, 로봇 등 놀이를 통해 컴퓨팅 사고력을 키우는 방법이다. 따라서 프로그램 언어에 대한 부담 없이 쉽고 재미있게 코딩의 원리를 이해할 수 있어 아동도 사용할 수 있다.

(2) 플러그드 코딩

플러그드 코딩(plugged coding)은 컴퓨터나 태블릿을 사용하여 전기 플러그를 꽂아서 작동되는 것을 뜻한다. 우리가 흔히 알고 있는 C언어, 자바(java) 같은 프로그램을 만드는 전반적인 행위이다. 아동을 대상으로 한 대표적인 프로그램으로는 미국 최대 SW 교육 비영리단체가 운영하는 '코드 닷 오알지'와 MIT 미디어 랩에서 개발한 '스크래치'(scratch) 그리고 우리나라에서 개발한 '엔트리'(Entry)가 있다. 이들은 모두 복잡한 '텍스트 코딩'이 아니라 문장으로 된 '명령 블록들'을 조립해서 나만의 다양한 이야기, 애니메이션, 게임과 같은 프로젝트들을 직접 만들어 볼 수 있는 특징이 있다. 또한 온라인 사이트에서 다른 사람들의 코딩 프로젝트를 구경할 수도 있다(한유미, 2023).

2 … 코딩 그림책의 특징

1) 장점 및 효과

- 프로그래밍에 스토리텔링을 더하여 코딩에 대한 흥미를 높일 수 있다.

- 디지털 동화를 만들 때 코딩 프로그램에서 제공하는 오브젝트를 이용하면 등장인물이나 배경 등을 그리는 수고를 덜 수 있다.
- 블록(명령어)으로 등장인물의 움직임을 표현하면서 자연스럽게 코딩 원리를 익힐 수 있다.
- 엔트리 코딩의 경우 한글로 되어 있어 외국에서 만든 스크래치보다 가독성이 있다.

2) 단점 및 유의점

- 오브젝트의 움직임을 설정할 때, 엔트리에서는 좌표값을 수동으로 입력해야 한다.
- 스크래치에 있는 색인식 블록, 추가 블록의 새로고침 없이 실행하기 기능이 없다.
- 스크래치에 비해 화질이 좋지 않아 디지털 그림책의 질이 떨어질 수 있다.

3 … 코딩 그림책의 제작 사례

1) 제작단계

제목
〈의좋은 토끼 형제〉 충청남도 예산 지역의 전래동화인 『의좋은 형제』를 엔트리 코딩 프로그램을 활용하여 만든 디지털 그림책이다.
준비물
• 등장인물 제작: 태블릿(Tablet) 앱 Sketchbook® • 코딩 동화 제작: 엔트리(Entry) • 배경, 소품 제작: Chat GPT, 뤼튼, 라이팅젤 • 동화 각색: 『의좋은 형제』 전래동화 책, Chat GPT

제작방법	
	1. 기획하기 • 『의좋은 형제』의 전래동화 이야기를 배경으로 동화 제작을 기획한다. • 코딩 프로그램으로 동화를 제작하기 위해 어떤 플랫폼을 사용할 것인지 정하고 제작 순서도 정한다.
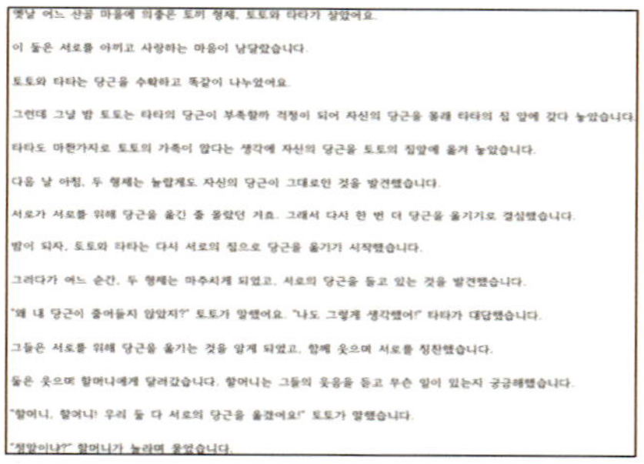 옛날 어느 산골 마을에 의좋은 토끼 형제, 토토와 타타가 살았어요. 이 둘은 서로를 아끼고 사랑하는 마음이 남달랐습니다. 토토와 타타는 당근을 수확하고 똑같이 나누었어요. 그런데 그날 밤 토토는 타타의 당근이 부족할까 걱정이 되어 자신의 당근을 몰래 타타의 집 앞에 갖다 놓았습니다. 타타도 마찬가지로 토토의 가족이 많다는 생각에 자신의 당근을 토토의 집앞에 옮겨 놓았습니다. 다음 날 아침, 두 형제는 놀랍게도 자신의 당근이 그대로인 것을 발견했습니다. 서로가 서로를 위해 당근을 옮긴 줄 몰랐던 거죠. 그래서 다시 한 번 더 당근을 옮기기로 결심했습니다. 밤이 되자, 토토와 타타는 다시 서로의 집으로 당근을 옮기기 시작했습니다. 그러다가 어느 순간, 두 형제는 마주치게 되었고, 서로의 당근을 들고 있는 것을 발견했습니다. "왜 내 당근이 줄어들지 않았지?" 토토가 말했어요. "나도 그렇게 생각했어!" 타타가 대답했습니다. 그들은 서로를 위해 당근을 옮기는 것을 알게 되었고, 함께 웃으며 서로를 칭찬했습니다. 둘은 웃으며 할머니에게 달려갔습니다. 할머니는 그들의 웃음을 듣고 무슨 일이 있는지 궁금해했습니다. "할머니, 할머니! 우리 둘 다 서로의 당근을 옮겼어요!" 토토가 말했습니다. "정말이냐?" 할머니가 놀라며 물었습니다.	2. 각색하기 • 등장인물과 배경의 이미지, 동작을 구상한 후 Chat GPT로 각색한다. • 동화 이야기의 내용이 원본 동화의 주제를 담고 있는지 확인한다.
	3. 등장인물 제작하기 • 태블릿 앱 'Sketchbook®'을 사용하여 각색한 동화에 어울리는 등장인물(토토, 타타, 할머니)을 그린다.
	3-1. 배경 제거하기 • 완성된 등장인물을 다운 받아 배경을 제거(누끼 따기)하여 다시 저장한다(53쪽 PowerPoint 배경 제거 참조).

	4. 배경 제작하기 • 뤼튼에서 구체적인 프롬프트를 입력하여 이미지를 생성한다. 입력 예 "나무가 울창한 숲 속에 집 한 채가 있는 그림을 그려 줘. 집은 초가집으로 그려 주고 동화의 배경에 들어갈 거니까 단순하고 밝게 봄 배경으로 그려 줘." • 생성한 이미지를 저장한다.
	5. 엔트리로 동화 제작하기 • 엔트리 사이트에 접속하여 로그인한다.
	5-1. 작품 유형 선택하기 • [만들기]에서 [작품 만들기]를 선택한다.
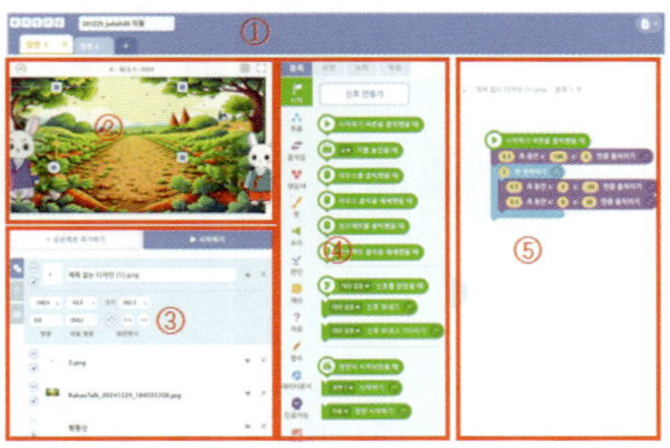	5-2. 엔트리 기본 화면 • 메뉴 창: 새로 만들기, 불러오기, 블록 도움말, 되돌리기, 다시 하기, 로그인, 화원가입, 창면 추가하기 등 • 장면 창: 프로그램 실행 결과 확인 • 오브젝트 창: 내가 만든 오브젝트 보기 • 블록 꾸미기: 프로그램 명령어 블록 • 블록 조립소: 블록을 끼워 맞춰 프로그램 제작
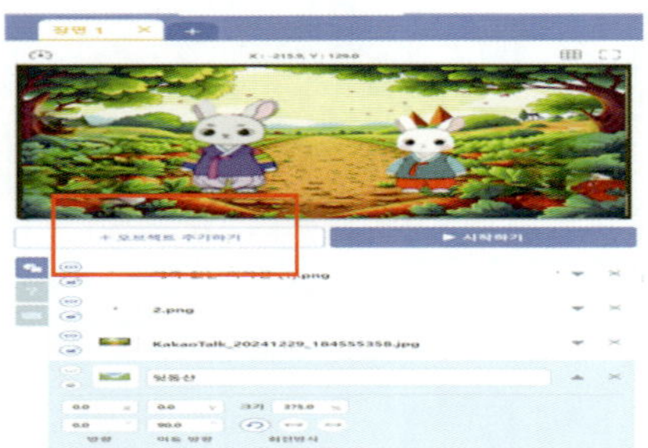	5-3. 등장인물과 배경 불러오기 • 동화에 필요한 배경을 삽입한다. [오브젝트 추가하기]-[왼쪽 메뉴 중 배경]-[오브젝트 추가하기]-[파일 올리기]-[다운받을 이미지 검색하기]-[오른쪽 상단 추가하기] • 토토와 카카를 화면 양쪽 끝에 배치한다. • 등장인물: 토토, 카카, 할머니

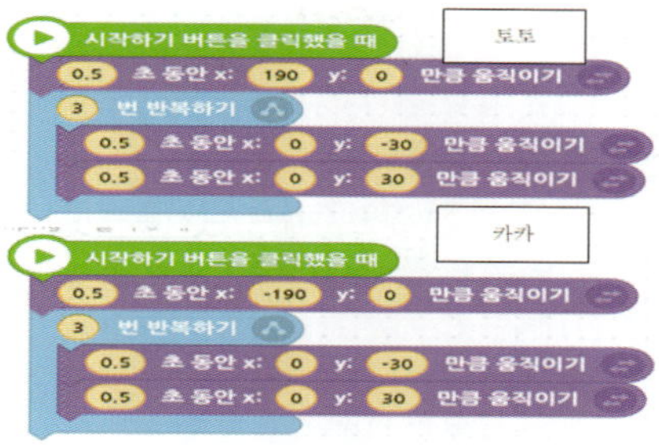	5-4. 블록 생성하기 • 토토와 카카가 서로 달려와 제자리에서 뛰는 모습을 코딩한다. • 명령어를 입력할 오브젝트(토토)를 선택한다. • [블록]에서 알맞은 명령어를 선택하여 블록을 끼워 프로그램을 완성한다.
	5-5. 배경 음악 삽입하기 • 오브젝트의 움직임에 맞추어 효과음을 삽입한다. [소리]-[소리 추가하기]-[어울리는 소리 선택]-[다듬기, 조정하기]-[저장하기]-[블록]-[소리]-[소리 가볍게 등장 ▾ 1 초 재생하기 추가]
	5-6. 대사 입력하기 • 등장인물과 나레이션의 대사를 각 오브젝트에 맞게 입력한다. [블록]-[생김새]-[안녕! 을(를) 4 초 동안 말하기 ▾] 입력 예 "그래! 당근을 타타에게 한 번 더 가져다주자!"
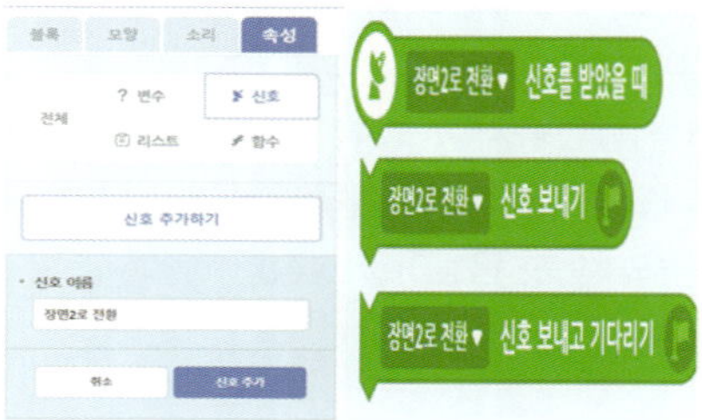	5-7. 신호 만들기 • 신호를 사용하여 등장인물의 말과 행동 순서를 정하고 장면 전환 시 사용한다. [시작]-[신호 만들기]-[신호 이름 작성하기]-[신호 추가] 작성 예시: 장면 1에서 장면 2로 넘어가기 위해 [장면 2로 전환] 작성 • [장면 2로 전환]을 신호로 만들면 [블록]-[시작]에서 왼쪽 이미지와 같이 표시된다.
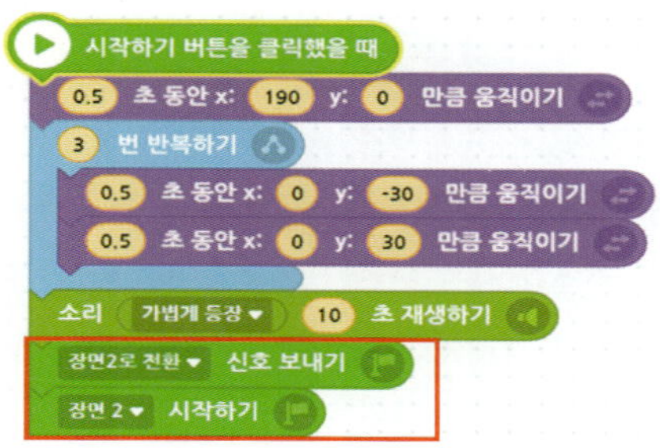	5-8. [장면 1]에서 신호를 넣어서 코딩하기 • 장면 1의 블록 조립소에 신호를 넣은 블록을 추가한다.

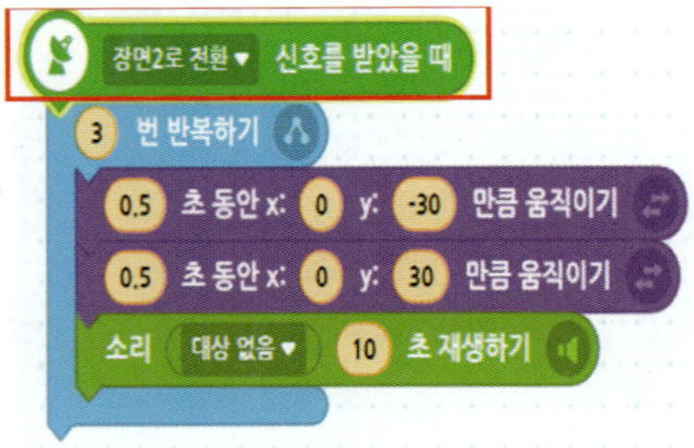

5-9. [장면 2]에서 신호를 넣어서 코딩하기

- 장면 1에서 준 신호를 장면 2에서 받기를 한다.
- 신호를 넣은 블록을 추가한다.

5-10. 효과 주기

- [생김새]에서 등장인물과 요소의 크기 변화, 모양 바꾸기 등을 [~~ 모양으로 바꾸기] 또는 [크기를 ~~로 정하기] 등을 넣고 원하는 숫자를 입력한다.

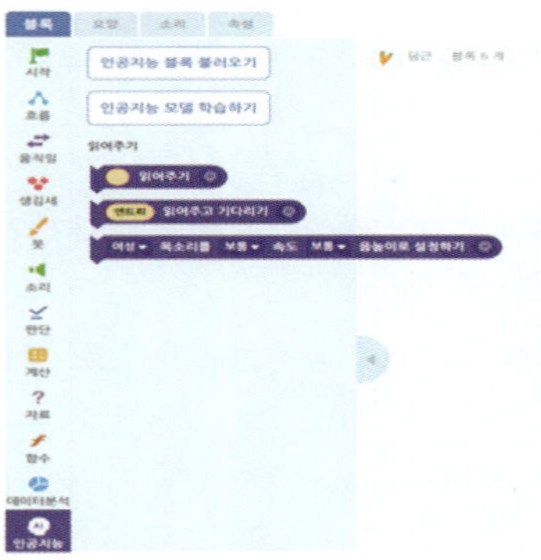

5-11. 줄거리 삽입하기

- 동화의 그림책 줄거리를 읽어 주는 인공지능 블록을 만든다.
  [인공지능]-[인공지능 블록 불러오기]-[읽어주기]-[불러오기]-[읽어주기 블록에 줄거리 삽입]-[목소리 종류와 속도, 음높이를 설정]

5-12. 재생하기

- 오브젝트 창의 [시작하기]를 클릭하여 명령한 입력값이 잘 실행되는지 확인한다.

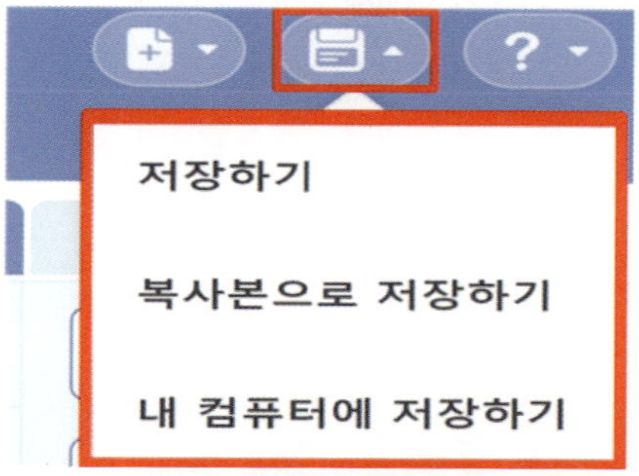	6. 완성하기 • 완성된 장면을 저장한다.
완성본	

제작 시 유의 사항

- 신호가 많아지면 오브젝트가 혼선될 수 있으니, 순서를 명확히 기재한다.
- 저장을 틈틈이 하여 만들었던 작품이 없어지지 않도록 한다.
- 블록의 순서가 달라지거나 끊기면 진행되지 않으므로 확인한 후에 재생한다.

2) 동화 소개

(1) 유래 및 줄거리

이 동화의 원작은 예산 지방에서 내려오는『의좋은 형제』이다. 우애가 좋은 이성만, 이숙 형제는 서로의 사정을 살펴 형은 동생의 집에, 동생은 형의 집에 볏단을 옮겨 놓았다. 그러나 며칠을 반복해도 볏단의 양이 줄지 않고 그대로였다. 어느 날 밤 형제는 볏단을 나르다 마주치게 되었고 볏단의 양이 줄지 않은 이유를 알게 되었다. 형제는 서로의 마음을 확인하고 흐뭇해하였다. 또한 형제는 부모님이 살아계실 때는 음식을 잘 봉양하고 해마다 친지들을 불러놓고 잔치를 벌였고 부모님이 돌아가신 뒤에는 부모님의 무덤을 잘 지켰다. 이런 효행이 알려져 임금님으로부터 상을 받았다(https://ncms.nculture.org/traditional-stories/story/42).

(2) 교훈 및 교육 효과

- 의인화한 토끼 형제들이 서로 나누고 배려하는 모습을 통해 우애와 우정의 중요성을 배울 수 있다.
- 코딩 동화를 통해 코딩이 낯설고 어려운 것이 아니라 재미있는 놀이로 인식하고 자연스럽게 코딩의 기본 개념을 이해하게 된다.

3) 확장 및 활용

(1) 동화 확장 활동

- 아동들과 마니또 게임을 진행한다. 지정된 친구의 수호천사가 되어, 상대가 모르게 옆에서 도움을 주는 활동이다. 게임을 통해 친구들과 우정을 키우고 서로를 배려하는 마음을 배울 수 있다.
- 지역사회 연계 활동으로 원작인『의좋은 형제』동화를 읽고 축제에 참여한다.

(2) 디지털 활용

- **축구놀이**: 축구장 배경의 이미지를 업로드 시킨다(오브젝트에 축구장이 없다). 오브젝트를 설정한 후 블록(명령어)을 넣어서 축구 게임을 할 수 있도록 만든다. 골대에 공을 넣으면 점수가 올라갈 수 있도록 블록을 만들어 준다. 1:1 게임을 할 수 있도록 한다.

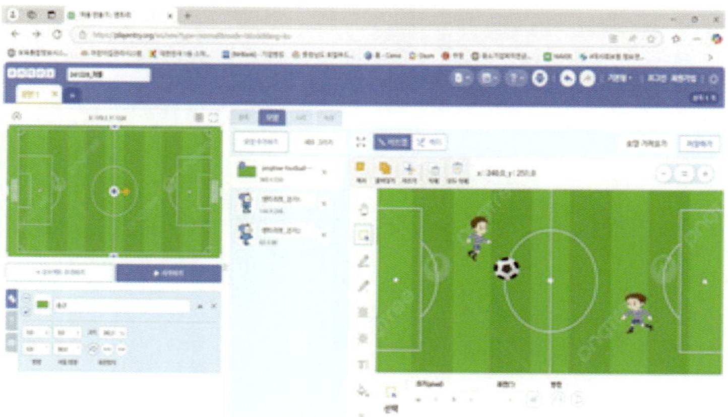

제11장

AR로 디지털 그림책 만들기

출처: https://augray.com

1 … AR 그림책의 이해

1) 개념 및 역사

증강 현실(AR)은 '증강 현실'(Augmented Reality)의 약자로, 현실 세계에 가상 정보를 추가하여 사용자가 이를 경험할 수 있도록 하는 기술이다. AR은 공간을 구성하는 세 가지 분류에서 출발한다. 실제 살아 있는 상태로 시공간상에 존재하는 '실제 현실'이 있고,

전혀 다른 공간에 3차원 좌표값을 가지고 실제로 존재하는 것처럼 보이는 '가상 현실'이 존재한다. 이 두 가지를 통합하여 '가상 세계'와 '현실 세계'를 유기적으로 연동하고 3차원적으로 결합한 '확장된 현실'이 형성되는데, 이를 증강 현실이라고 한다. 증강 현실은 이러한 확장된 현실을 통해 현실 공간에서도 가상의 정보와 물체를 체험할 수 있게 한다(김태은, 2017). 예를 들어, 카메라로 특정 장소를 비추면 그 장소에 대한 추가 정보나 3D 모델이 화면에 나타나는 방식으로 작동한다. 가상 현실(VR)이 완전히 가상의 환경에 몰입시키는 기술이라면, 증강 현실(AR)은 현실 세계에 가상의 요소를 추가하는 것이다.

증강 현실(AR)의 역사는 20세기 중반으로 거슬러 올라간다. 1968년 아이번 서덜랜드(Ivan Sutherland)가 개발한 'The Sword of Damocles'라는 헤드 마운트 디스플레이 시스템이 최초의 AR 시스템으로 간주된다. 1990년대에는 AR 기술이 더욱 발전하여 초기 AR 장치들이 등장했으며, 2000년대 들어서 컴퓨터 그래픽과 소프트웨어 기술의 발전과 함께 AR 기술도 급속도로 발전하였다. 2016년 출시된 'Pokémon GO'는 AR 기술의 대중화를 이끌며 큰 성공을 거두었다. 2020년대에 들어서면서 AR 기술은 교육, 의료, 건축 등 다양한 산업에서 널리 활용되고 있다. 그 대표적인 예 중 하나가 AR 그림책이다.

AR 그림책은 전통적인 종이 그림책에 현대적인 기술인 AR을 결합한 아동문학의 혁신적인 형태이다. 출판 형식의 아날로그적 감수성과 디지털 매체의 확장성을 가진 AR 그림책은 아동에게 새로운 경험과 놀라움 등의 인지적 및 지각적 재미 요소를 제공하여 교육적 효과가 높다(허영, 2022). AR 그림책은 컴퓨터나 스마트폰, 태블릿 PC와 같은 스마트 기기를 활용하지 않는다면 겉보기에는 일반 종이 그림책과 별 차이가 없다. 그러나 그림책 내부에 심어진 마커를 컴퓨터나 스마트 기기의 카메라로 인식하면 그림책에 심어진 증강 현실 콘텐츠가 3D의 동적이고 입체적인 화면으로 되살아나며 동시에 소리까지도 구현된다(박현식 외, 2021). 이를 통해 아동은 그림책의 내용을 더욱 쉽게 이해하고, 깊이 있게 몰입할 수 있게 된다.

초기 AR 그림책은 스마트폰 앱과 함께 제공되며, 사용자가 책의 각 페이지를 스캔하면 AR 콘텐츠가 나타나는 방식이 주를 이루었다. 우리나라에서 최초로 출시된 AR 그림책은 2010년 상상스쿨 출판사의 『애코와 한글 친구들』과 『애코와 알파벳 친구들』이다. 이후 몇몇 출판사가 증강 현실 그림책을 개발 및 보급하기 시작했으나, AR 그림책에 대한 인식 부족과 제작 비용 등의 문제로 인해 실제로 출판된 책은 많지 않았다(오연주, 김애경, 한유미, 2021).

출판된 AR 그림책을 살펴보면 정보 그림책이 60%를 차지하며, 생활 주제는 동식물과 자연에 편중되어 있다(한유미, 원순옥, 2022). 앞으로 AR 그림책은 정부의 디지털 교과서 추진 방안에 따라 단순한 읽기 경험을 넘어서는 혁신적인 교육 도구가 될 가능성이 크다. 따라서 더 많은 작가와 예술가가 다양한 주제와 스타일로 AR 그림책을 발전시켜야 할 필요가 있다.

2) AR 유형 및 특성

(1) 이미지 기반 AR

책이나 카드에 인쇄된 이미지를 스마트폰, 태블릿의 카메라로 비추면 이미지 위에 3D 캐릭터나 애니메이션이 표시된다. 페이지의 그림이나 특정 마커(코드, QR 등)를 통해 AR 콘텐츠를 활성화한다.

그림 11-1 이미지 기반 AR 사례

출처: https://www.assemblrworld.com/studio

(2) 위치 기반 AR

특정 장소에서만 그림책 콘텐츠가 활성화되는 유형으로 GPS와 연동하여 특정 장소에서 스토리가 전개되도록 한다.

그림 11-2 위치 기반 AR 사례

출처: https://www.museum.go.kr/site/main/home

(3) 프로젝션 기반 AR

스마트 기기 화면에서 그림책 속 환경이 3D로 확장되어 사용자 주변 공간에 배치하여 현실 세계에서 그림책 속 이야기가 펼쳐지는 듯한 경험을 제공한다.

그림 11-3 프로젝션 기반 AR 사례: 국립어린이청소년도서관

출처: 한국강사신문(https://www.lecturernews.com).

2 … AR 그림책의 특징

1) 장점 및 효과

- 증강 현실 기술을 통해 생동감 있는 3D 캐릭터와 다양한 상호작용을 할 수 있으며 종이 그림책에서는 전달할 수 없는 정보와 감각적 · 인지적 경험을 할 수 있다(이유

광, 2024).

- AR 그림책은 교육적인 내용을 포함할 수 있어 아동이 재미있게 학습할 수 있는 기회를 제공한다. 퀴즈나 게임 요소를 통해 자연스럽게 지식을 습득할 수 있다.
- 텍스트, 이미지, 사운드, 애니메이션, 영상 등의 멀티미디어의 시각적인 요소, 청각적인 요소, 촉각적인 요소들을 모두 사용하여 아동의 상상력과 사고력 등을 보다 적극적으로 자극한다(허영, 2022). 아동들이 실제로 경험하기 어려운 다양한 환경과 상황을 체험하게 하여 아동의 상상력과 창의력을 더욱 키워 주는 역할을 하고 있다(한유미, 원순옥, 2022).
- AR 그림책 위에서 입체적인 형상이 나타나고 아동이 현재 있는 실제 자신의 공간 속에 이미지들이 구현되기 때문에 감각적 몰입이 증대된다. 이러한 감각적인 몰입은 실제와 환상의 경계를 무너뜨리면서 아동의 공간에 그림책의 이미지가 초대되는 경험을 가능케 해 준다(김현경, 2020).
- AR 그림책은 기존 인쇄 방식의 책이 가지는 아날로그의 장점과 디지털 매체의 장점을 잘 융합한 그림책으로(허영, 2022), 스마트 기기만으로 디지털 독서가 가능한 것이 아니라 반드시 실물 종이 그림책이 병행되어야 한다(김현경, 2020). 종이책을 꺼내고 다루는 습관에서 시작하는 AR 그림책은 독서에 대한 친숙함을 느끼게 하고 디지털 매체에 대한 거부감을 예방하는 데 도움이 된다.

2) 단점 및 유의점

- AR 그림책은 스마트폰, 태블릿 등의 기술에 의존한다. 이러한 장비가 없거나 사용이 어려운 경우 그림책을 제대로 즐길 수 없게 된다.
- 기술적 요소가 많아질수록 독자가 이야기에 집중하기 어려울 수 있다. 다양한 애니메이션이나 효과가 오히려 이야기의 본질을 흐릴 수 있다.
- AR 그림책을 제작하는 데에는 상당한 개발 비용이 소요되며 사용자가 AR 그림책을 구매하거나 관련 앱을 다운로드하는 데 추가 비용이 발생할 수 있다. 이러한 비용 문제는 AR 그림책의 확산과 활용을 제한하는 중요한 요소로 작용할 수 있다.
- AR 기술은 때때로 버그나 오류가 발생할 수 있으며 이는 사용자 경험을 저해할 수 있다. 인터넷 연결이 필요한 경우 연결 문제로 인해 사용이 제한될 수 있다.

3 ··· AR 그림책의 제작 사례

1) 제작단계

<table>
<tr><th colspan="2">제목</th></tr>
<tr><td colspan="2">〈반쪽이〉
충청남도 보령 지역의 전래동화 『반쪽이』를
Assemblr Studio로 만든 디지털 그림책이다.</td></tr>
<tr><th colspan="2">준비물</th></tr>
<tr><td colspan="2">• 등장인물 그림: 반쪽이 부모님, 반쪽이 형제, 김동지, 갓난아기 반쪽이, 미남자(변신한 반쪽이)–유아들이 그린 작품
• 주인공 클레이 작품: 반쪽이, 김동지 딸–유아들이 만든 작품
• AR 구현: Assemblr Studio
• 3D 변환: MagiScan
• 이야기, 배경, 주인공 누끼: 캔바
• 이야기 녹음: 클로바더빙
• 편집: 블로(VLLO)</td></tr>
<tr><th colspan="2">제작방법</th></tr>
<tr><td>어셈블러 스튜디오
쉬운 AR 메이커
3D
MagiScan</td><td>1. 기획하기
•『반쪽이』 전래동화를 AR 그림책으로 제작하기 위해 어떤 플랫폼을 사용할 것인지 정하고 제작 순서도 정한다.</td></tr>
<tr><td>「반쪽이」 동화 콘티

장면1: 옛날 어느 집에 눈도 하나, 귀도 하나, 팔도 하나인 반쪽이가 태어났어요. 동네 사람들은 그 아이를 '반쪽이'라고 불렀어요.

장면2: 반쪽이는 힘이 엄청나게 강했지만, 형들은 반쪽이를 좋아하지 않았어요.

장면3: 어느 날, 형들은 반쪽이를 숲의 나무에 묶어 버리고 그냥 집으로 돌아왔어요. 하지만 힘이 센 반쪽이는 나무를 뿌리째 뽑아와서는 집 근처에 다시 심었어요.

장면4: 시간이 지나 반쪽이는 형들이 장가를 가는 모습을 보고, 자신도 결혼하고 싶어졌어요. 반쪽이는 어머니에게 건넛마을 김동지의 딸에게 장가들게 해달라고 부탁했어요. 하지만 어머니는 그런 반쪽이를 말렸어요.

장면5: 어머니의 말에도 반쪽이는 포기하지 않고 직접 김동지 집을 찾아갔어요. 반쪽이는 김동지의 집에 찾아가 '딸과 결혼하게 해 주세요!'라고 말했어요.

장면6: 결혼을 반대하는 김동지는 밤새도록 딸을 지키도록 했어요. 반쪽이는 밤마다 김동지 집을 몰래 찾아가 여러 가지 장난으로 가족들을 골탕 먹였어요. 결국 가족들은 지쳐 잠들었고, 반쪽이는 색시를 데리고 나왔어요.

장면7: 모두가 당황해 우왕좌왕하는 사이, 반쪽이는 색시를 돌려보낸 뒤 조용히 뒤뜰로 향했어요. 그리고 놀라운 일이 일어났어요.

장면8: 반쪽이는 자신의 얼굴 껍질을 벗어내고 멀쩡한 미남자가 되었어요. 사실 그는 하늘에서 벌을 받아 내려온 천상의 선관이었던 것이에요. 가족들은 반쪽이와의 결혼을 허락했어요. 김동지의 딸과 결혼한 반쪽이는 과거에 급제하여 평생 행복하게 살았답니다.</td><td>2. 각색하기
•『반쪽이』 동화를 AR 그림책으로 제작할 수 있도록 장면별로 이야기를 구성한다(장면 나누기, 인물의 대사, 장면별 배경 정하기).</td></tr>
</table>

<table>
<tr>
<td></td>
<td>3. 등장인물 제작하기(아동들과 함께 제작하기)
• 반쪽이 부모님, 반쪽이 형제, 김동지, 미남자 반쪽이를 그림으로 그린다.
• 반쪽이, 김동지 딸을 클레이로 만든다.</td>
</tr>
<tr>
<td></td>
<td>3-1. 등장인물 2D로 저장하기
• 종이에 그린 등장인물을 이미지로 PC에 저장한다(스캔 또는 사진찍기).
• 캔바(https://www.canva.com/ko_kr) 홈페이지에 접속하여 로그인한다(30일 동안 pro 체험해 보기를 하면 다양한 유료 작업을 할 수 있다).
[디자인 만들기]-[프리젠테이션(16:9)]
• 캔바에서 이미지를 업로드한다.
[캔바 좌측 메뉴]-[업로드 항목]-[파일 업로드]-[저장된 파일 찾아서 선택]</td>
</tr>
<tr>
<td>
</td>
<td>3-2. 등장인물 이미지 누끼 따기
• 업로드된 이미지를 배경 지우기(누끼 따기)를 한다.
[이미지 클릭]-[상단 메뉴 중 배경제거 선택]-[완성]
• 위 순서대로 반쪽이 엄마, 아빠, 반쪽이 첫째형, 둘째형, 김동지, 갓난아기 반쪽이를 한 페이지에 이미지 1개씩 작업한다.</td>
</tr>
</table>

4. 배경 제작하기

- 3-2번 작업에 이어 페이지 추가를 한다. Magic Media를 클릭하고 '만들고 싶은 이미지를 설명해 주세요'에 배경과 어울리는 단어를 입력한다(입력 예시: 조선시대 양반집 마당, 조선시대 초가집 마당).
- 스타일과 비율을 설정하여 이미지를 생성한다.
- 생성된 네 가지 이미지 중 그램책과 어울리는 이미지를 클릭한다.
- 이미지를 우클릭하여 이미지를 배경으로 설정한다.
- 스토리보드의 장면별로 배경을 만들어 한 페이지에 배경 1개씩 넣는다.
- 페이지를 추가해 장면별로 들어가는 동화 내용을 적는다.
  [페이지 추가]-[텍스트]-[텍스트 추가]
- 한 페이지에 한 장면의 동화 내용을 적는다.

5. 다운로드하기

- 3번 작업과 4번 작업을 다운로드한다.
  [우측 상단의 공유]-[다운로드]-[PNG 선택]-[투명 배경 체크]-[다운로드]

* 꼭 투명 배경을 체크하고 다운로드한다.

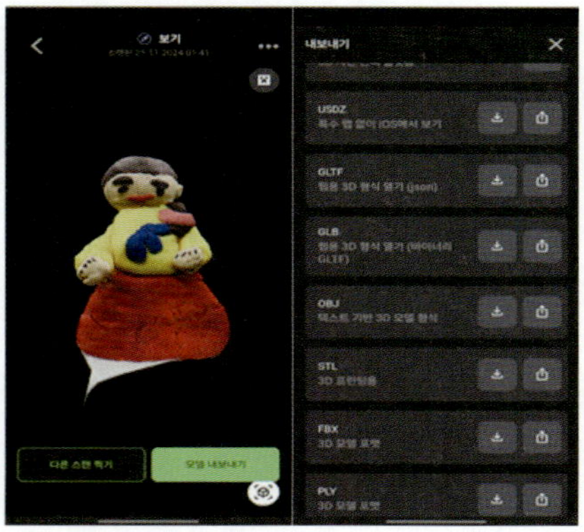

6. 등장인물 3D로 스캔하기(유료)

- MagiScan 애플리케이션을 다운로드 받는다.
- 클레이로 만든 작품을 스캔한다.
  [스캔]-[360도 휠]-[스캔 시작]
- 스캔을 할 때 핸드폰을 들고 작품 주위를 천천히 돌며 스캔한다.
- 스캔을 마친 후 100%가 될 때까지 기다린다.

<table>
<tr>
<td>
</td>
<td>6-1. 3D 스캔 저장하기
• 스캔이 완성되면 스마트폰에 저장한다.
[모델 내보내기]-[GLB 다운로드]-[저장]
• 스마트폰에 저장된 파일을 PC에 저장한다.</td>
</tr>
<tr>
<td>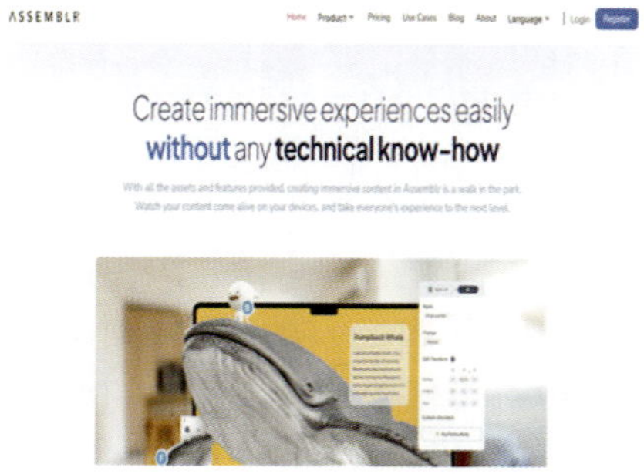
</td>
<td>7. AR 동화 제작하기
• 어쎔블러 홈페이지(https://www.assemblrworld.com)에 로그인한다.
[홈페이지 상단의 Product 선택]-[Assemlr Studio 선택]</td>
</tr>
<tr>
<td>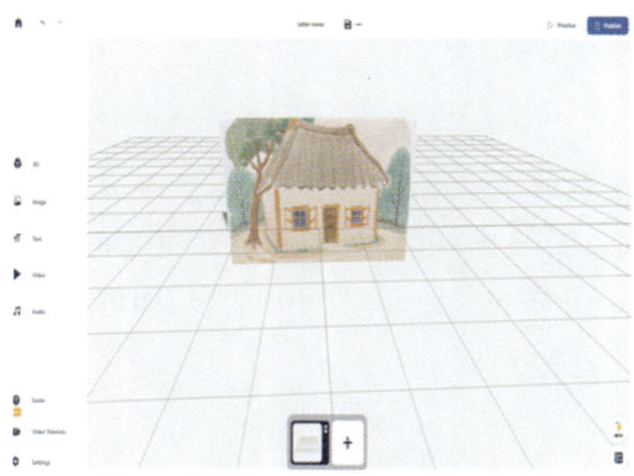</td>
<td>7-1. 2D이미지 삽입하기
• 캔바에서 작업했던 2D이미지를 어쎔블러에 불러온다.
• 2D이미지: [어쎔블러 홈페이지 첫 화면]-[Create Your Creation 선택]-[Default Editor]-[좌측 메뉴 중 Image]-[Import]-[캔바에서 작업했던 2D 파일 선택]
• 위 순서대로 이미지를 삽입한다.
• 한 페이지에 배경, 등장인물, 동화 내용을 차례대로 삽입한다.</td>
</tr>
<tr>
<td></td>
<td>7-2. Magic Media에서 작업한 3D이미지를 어쎔블러에 불러온다.
• 3D이미지: [어쎔블러 홈페이지 첫 화면]-[Create Your Creation]-[Default Editor]-[좌측 메뉴 중 3D]-[Import]-[3D이미지 선택]
• 위 순서대로 이미지를 삽입한다.
• 한 페이지에 배경, 등장인물, 동화 내용을 차례대로 삽입한다.</td>
</tr>
</table>

	7-3. 이미지 크기 변경하기 • 마우스 좌클릭한 상태로 드래그하면 화면이 움직인다. • 마우스 휠을 앞뒤로 움직이면 화면이 확대 또는 축소된다. • 삽입한 이미지의 크기와 위치를 설정한다. • Scale을 클릭하면 ■——— 모양이 나타난다. 빨간 네모를 마우스 좌클릭한 상태로 드래그하여 크기를 설정한다.
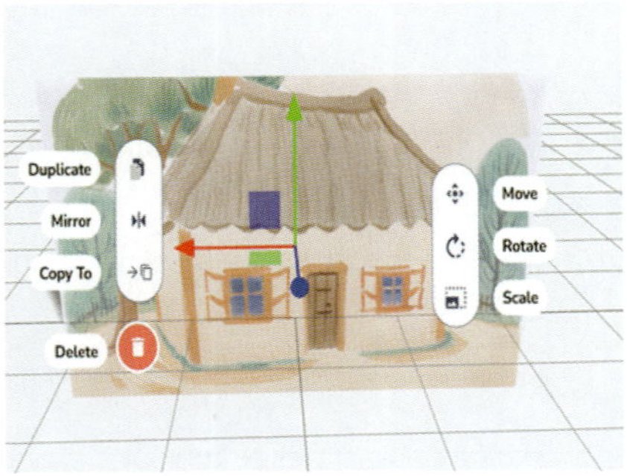	7-4. 이미지 방향 변경하기 • 이미지를 클릭하면 x, y, z축의 빨강, 연두, 파랑선이 나온다. 움직이고자 하는 방향의 화살표를 좌클릭한 상태로 드래그하여 방향을 설정한다(연두색: 위아래, 빨간색: 좌우, 파란색: 앞뒤). • 배경, 등장인물, 동화 내용의 위치와 크기를 편집하여 하나의 장면을 완성한다.
	8. 동화 완성하기 • 7번 작업을 스토리보드의 장면별로 반복하여 제작한다. 이때 한 장면의 작업이 끝날 때마다 저장하며 작업한다.
	9. 마커 제작하기 • 완성된 동화를 AR로 구동할 수 있는 마커를 제작한다. [우측 상단의 Publish 선택]-[Capture한 후 파일 제목과 간단한 설명을 입력]-[View in 3D 선택]-[Publish]-[QR생성]-[Download Marker로 저장]-[완성된 QR코드 저장]

 	9–1. 완성된 AR 그림책 확인하기 • 스마트폰으로 다운받은 마커의 QR코드를 스캔하여 그림책을 확인한다. [View in 3D 선택]–[상단의 Place it in Your Room 선택] • 빈 공간에 스마트폰을 움직여 증강된 AR 그림책을 확인한다.
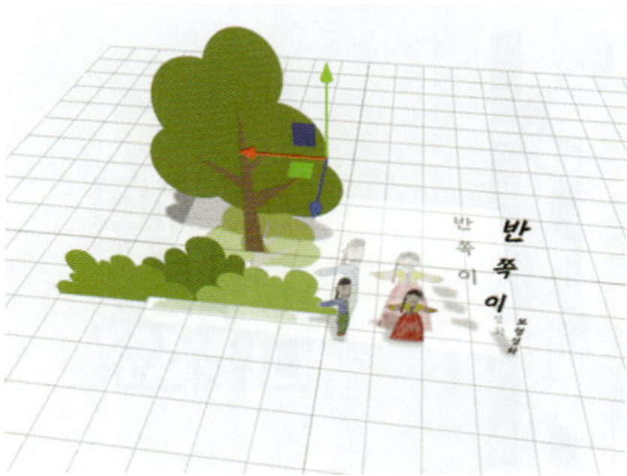	9–2. 사용자 지정 AR 마커 제작하기(유료) • 동화 겉표지 이미지 위에 AR 팝업이 생성될 수 있도록 제작한다. ① 이미지 삽입 [어썸블러 홈페이지 첫 화면]–[AR–Powered Scannable Images 클릭]–[좌측 사진 모양 Custom Marker Settings]–[그림책 겉표지 이미지 업로드]–[화면에 겉표지 이미지가 흐리게 나타남]–[흐릿한 이미지 위에 7번 내용대로 각각의 이미지를 불러서 삽입]–[삽입한 이미지 크기와 위치 조정]
	② 마커 제작 [우측 상단의 Publish 선택]–[Capture한 후 파일 제목과 간단한 설명을 입력]–[Pop up above an AR marker 선택]–[Publish]–[QR 생성]–[링크 복사]–[구글 검색창에 붙여넣기]–[Scan Marker 선택] • 사용자 지정 AR 마커가 잘 제작되었는지 확인한다. [스마트폰으로 QR코드 찍기]–[Scan Marker 선택]–[겉표지 이미지를 촬영하면 AR 팝업 생성되는지 확인]
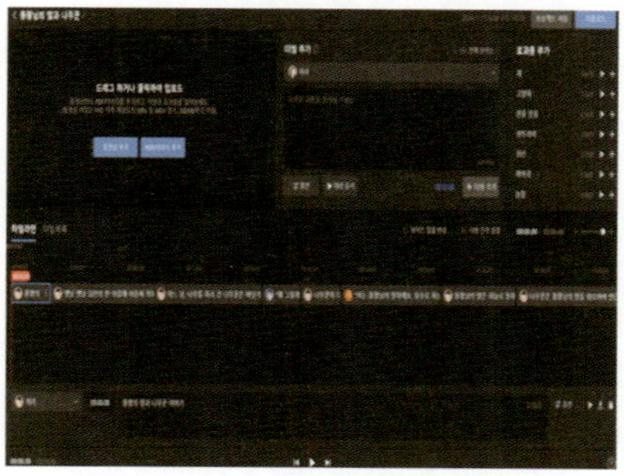	10. 더빙하기 • 클로바더빙에서 해설, 반쪽이, 김동지에 어울리는 성우를 골라 녹음한다(57쪽 참조).

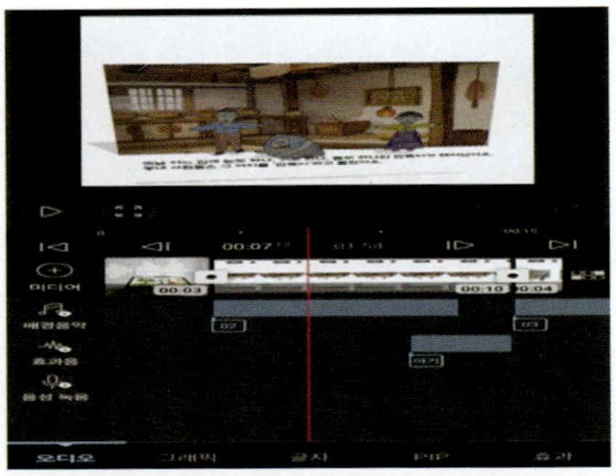	11. 영상 편집하기 • AR로 구현되는 동화와 더빙 내용을 VLLO(영상편집 앱)에서 전체 동화를 편집한다(59쪽 참조).
완성본	
  사용자 지정 AR마커	

제작 시 유의 사항

- MagiScan 앱으로 아동들의 작품을 3D로 스캔할 때 일부 비용이 발생할 수 있다.
- 아동들의 작품으로 AR 그림책을 만들기 위해 사용하는 사이트가 한국어가 아닌 경우가 많아 번역이 필요하고, 이는 사용자가 기능을 이해하고 활용하는 데 추가적인 시간이 소요될 수 있다.

2) 동화 소개

(1) 유래 및 줄거리

『반쪽이』는 충청남도 보령 지역의 구전 문학으로 오랜 세월 동안 전해져 내려온 이야기이다. 농경 사회에서 흔히 접할 수 있었던 공동체적 가치와 인간의 내면적 성장을 강조한 이야기로, 한국의 전통적 가치관이 담겨 있다. '반쪽이'는 신체적 결함이나 사회적 약점을 가진 사람들이 지혜와 노력으로 역경을 극복할 수 있다는 희망과 교훈을 제공한다. 또한 외형보다 내면의 강인함과 도덕적 가치를 중요시하는 한국 전통 사회의 가치관이 반영되어 있다. 『반쪽이』는 결핍과 약점을 상징하지만 이는 극복과 성장을 통해 온전한 자신이 되는 여정을 나타낸다(https://boryeong.grandculture.net/boryeong/toc/GC08800028).

(2) 교훈 및 교육 효과

- 『반쪽이』 동화는 외모나 능력에 대한 편견을 극복하고 서로 다른 특성을 가진 사람들을 이해하고 존중하는 태도를 기를 수 있게 한다. 또한 장애인에 대한 고정관념을 깨고 모든 사람은 각자의 가치가 있다는 것을 배우게 되어 장애 인식 개선 교육의 기초가 된다.
- AR 기술을 통해 평면적인 그림책이 3D로 생동감 있게 변하면서 아동들의 관심과 몰입을 크게 높일 수 있다.

3) 확장 및 활용

(1) 동화 확장 활동

- 반쪽이 역할을 하는 아동과 반쪽이를 도와주는 아동으로 팀을 이루어 역할 놀이를 한다. 이를 통해 장애에 대한 이해를 높이고 서로의 차이를 존중하는 태도를 기른다.
- 반별로 제작한 애니메이션을 모아 상영회를 열고 친구들을 초대해 발표회를 연다.

(2) 디지털 활용

- **작품전시회**
  - 아동들이 그린 그림을 AR 기술을 활용하여 3D 작품으로 변환한다.
  - 자신의 작품을 생생하게 감상할 수 있으며 내 작품과 사진을 찍을 수 있다.

- **보물찾기**: 교실이나 야외에서 AR 기술을 활용한 보물찾기 놀이를 진행한다. 미리 AR로 구현할 수 있는 정보를 담은 카드를 숨기고 아동들이 그 카드를 찾아 스마트폰으로 확인하면 AR 콘텐츠를 경험할 수 있다. 이를 통해 증강 현실과 현실의 차이를 이해하고 AR 기술을 체험할 수 있다.

제12장

게임형 디지털 그림책 만들기

1 ··· 게임에 대한 이해

1) 개념 및 역사

게임이라는 용어는 '흥겨웁게 뛰다'라는 인도 유러피안 계통의 'ghem'에서 파생된 단어로 정신적으로 재미 또는 즐거움을 느낀다는 '흥겹다'와 동작을 나타내는 '뛰다'가 합성된 용어이다(서정만, 권순녀, 2010). 위키피디아(Wikipedia)에 따르면 게임은 일반적으로 오락이나 재미를 위해 수행되는 구조화된 유형의 놀이이며, 교육도구로 사용되는 경우도 있다. 게임은 혼자서 하거나 팀으로 협력하여 즐길 수 있으며, 온라인을 통해 다양한 방식으로 참여할 수 있는 활동이다. 게임은 일반적으로 정신적 또는 신체적 자극을 포함하며 종종 두 가지 모두를 포함한다. 게임은 단순한 놀이에서부터 복잡한 전략 게임에 이르기까지 다양한 형태로 존재하며 교육적 목적, 오락적 즐거움, 사회적 상호작용 등 여러 목적을 가질 수 있다. 게임의 종류는 다양하지만 공통적인 특징으로는 결과의 불확실성, 합의된 규칙, 경쟁, 분리된 장소와 시간, 허구의 요소, 우연의 요소, 규정된 목표, 개인적 즐거움 등이 있다.

게임은 인간의 사회적 상호작용의 가장 오래된 형태 중 하나이자 보편적인 경험으로 모든 문화권에 존재한다. 이에 하위징가(Johan Huizinga)는 저서 『놀이하는 인간(Homo Ludens)』에서 인간의 문명과 문화가 놀이에서 비롯되었으며 놀이가 인간의 본질적인 활동이라고 주장하였다. 선사시대에는 뼈, 특히 발꿈치뼈가 가장 일반적인 게임 도구로 사용되었다. 이러한 도구는 공기놀이와 주사위 놀이의 기원으로 볼 수 있다. 주사위는 약 5,000년 전에 발명되어 점을 치거나 예언하는 용도로 사용되었다. 이 외에도 조개껍질, 돌, 나무 막대기 등이 게임 도구로 사용되었다. 고대에는 체스와 주사위 놀이와 같은 전통적인 보드게임이 존재하였고, 중세와 르네상스 시대에는 카드 게임과 스포츠 경기가 발전하였다. 예를 들어, 고대 그리스와 로마에서는 다양한 형태의 보드게임이 유행하였고, 중세 유럽에서는 기사들이 참가하는 토너먼트와 같은 스포츠 경기가 인기를 끌었다.

20세기에는 테이블 탑 게임, 보드게임, 비디오 게임 등의 현대적인 게임 형태가 등장하였다. 특히 1970년대와 1980년대에는 아케이드 게임과 초기 비디오 게임 콘솔의 등장으로 게임 산업이 급격히 성장하였다. 이 시기에는 아타리(Atari)와 같은 회사들이 주도적으로 게임 개발과 보급을 이끌었다. 디지털의 급속한 발전과 더불어 온라인 게임, 모바일 게임 등 게임의 형태는 더욱 다양화되고 복잡해졌다. 현재는 게임의 그래픽, 사운드, 인터랙티브 요소들이 크게 발전하여 가상 현실(VR) 게임, 증강 현실(AR) 게임 등 다양한 형태의 디지털 게임이 존재한다. 이러한 발전은 게임이 단순한 오락을 넘어서 교육, 치료, 사회적 상호작용 등 다양한 목적을 위한 중요한 도구로 활용될 가능성을 열어 주고 있다.

온라인 게임은 오늘날 매우 인기 있는 여가 활동으로 자리 잡았다. 온라인 게임은 아동의 주의를 하루 종일 붙잡아 둘 수 있으므로 동기부여 및 교육적 도구로서의 잠재력에 관심을 갖는 교사나 부모도 있지만(Ronimus et al., 2014) 중독성의 측면에서 비판적 시각도 존재한다. 따라서 게임을 하나의 문화로 인정하는 사회적 시선이 필요하다. 이미 우리는 아동문학과 게임이 서로 협력하는 시대에 진입하였다. 예를 들어,『해리포터』와『반지의 제왕』과 같은 동화 원작이 영화화된 후 게임으로 만들어지거나「툼레이더」와 같이 게임이 영화로 만들어지는 사례가 있다. 이처럼 게임은 멀티 콘텐츠로 자리 잡았으며 아동은 게임 속 가상 세계에서 유저로서 활동하며, 게임 속 이야기를 읽는 독자이기도 하다. 아동이 게임 속 캐릭터가 되어 현실과 가상 세계의 경계를 넘나드는 경험을 할 수 있다는 것은 게임이 아동에게 그림책을 읽는 것과 유사한 경험을 제공한다는 것을 의미한다. 이에 따라 게임 업계에서는 인문학적 배경을 가진 인력을 게임 기획과 개발에 참여시키고자 한다(이지현, 이승하, 2015). 아울러 아동의 참여를 유도할 수 있도록 교사가 직접 전래동화를 게임 제작 툴로 디자인하여 아동에게 제공하고 공유하는 시도도 이루어지고 있다(임창주, 원대한, 정윤근, 2014).

이와 같은 맥락에서 디지털 그림책에도 게임 요소를 가미하면, 아동은 흥미를 느끼고 문제 해결, 창의적 사고 그리고 참여의 기쁨을 경험할 수 있을 것이다. 게임과 그림책의 특징을 결합하여 상호작용성과 이야기성을 동시에 제공하는 게임형 디지털 그림책은 다양한 방법으로 만들 수 있다. 예를 들어, 카훗(Kahoot!)과 같은 앱을 통해 다양한 퀴즈, 질문, 선택지를 삽입하고 그림책과 결합하여 인터랙티브한 스토리를 만들거나 스크래치 주니어 또는 엔트리와 같은 블록 코딩을 이용해 이야기를 만들고 게임을 추가할 수 있다. 이 장에서는 교육현장에서 가장 많이 이용하는 피피티를 활용하여 간단한 게임을 포함한 디지털 동화를 제작하는 방법을 소개하고자 한다.

2) 유형 및 특징

(1) 어드벤처 게임

미리 설정된 줄거리에 따라 주인공이 주어진 상황에 적절히 대처하고 문제를 해결하며 최종 목적지를 향해 나가는 게임이다. 흔히 문학이나 영화같이 이야기성이 짙은 매체들의 기법을 빌린다. 대부분의 어드벤처 게임(텍스트 및 그래픽 기반 포함)은 1인용을 위주로 설계된다. 특징으로는 게임 내적인 이야기 구조가 있긴 하나 이미 정해져 있어 아동이 그것을 바꿀 수 없다. 즉, 주인공이 스토리를 만들어 나가는 롤 플레잉 게임과 달리 어드벤처 게임에선 이미 만들어진 상황에 따라 아동은 선택을 강요당하며 이때 반사신경을 요구하는 긴박한 조작보다는 논리적인 사고가 요구된다.

그림 12-1 어드벤처 게임

(2) 시뮬레이션 게임

실재감을 제공하는 가상의 환경 속에서 아동이 실제와 같이 자유롭게 사물을 조정하거나 새로운 환경을 만들어 가는 게임이다. 처음에는 군사 훈련을 목적으로 개발되었으나 1970년대 이후 오락용으로 발전되었다. 게임 진행에 있어 아동에게 상당한 재량과 자유가 주어지며 게임 장르 중 가장 현실적인 그래픽을 보여 주기도 한다. 또한 아동에게 고도의 통제감을 제공하는데 이를 통하여 아동은 게임의 결과보다는 통제하는 과정을 즐기게 되는 특징이 있다(정광용, 2010).

(3) 교육용 게임

교육용 게임은 학습 내용을 재미있게 전달하여 아동의 학습 동기를 높이는 게임이다. 이러한 게임을 통해 아동은 지식을 습득하고, 다양한 학습 활동을 경험할 수 있다. 예를 들어, 우리나라의 '마법천자문' 앱은 한자 학습을 게임으로 즐길 수 있는 교육용 게임이다. 아이들은 게임을 통해 한자를 익히고 어휘력을 향상시킬 수 있다. '뽀로로 한글 놀이' 게임은 아동이 뽀로로와 함께 한글을 학습할 수 있도록 도와준다. 이와 같이 교육용 게임은 놀이와 학습을 결합하여 아동이 자연스럽게 학습할 수 있도록 도와준다.

2 … 게임형 디지털 그림책의 특징

1) 장점 및 효과

- 게임 요소는 아동에게 흥미와 도전을 제공하여 그림책을 적극적으로 탐색하며 오래 주의집중을 하도록 만들 수 있다(김보민, 2020).
- 문제 해결, 선택하기, 간단한 퍼즐 등 게임 요소를 통해 아동의 논리적 사고와 문제해결 능력을 키울 수 있다. 이러한 과정을 통해 아동은 자신의 선택이 가져오는 결과를 배우고 다양한 상황을 스스로 해결하며 독립적인 사고력을 기를 수 있다(사한, 이동열, 2021; 한석원, 2024).
- 게임형 디지털 그림책에서 성공적인 선택이나 미션 완료는 아동에게 성취감과 자신감을 줄 수 있다.

2) 단점 및 유의점

- 전형적으로 게임에 대한 부정적인 시선은 중독과 폭력성이다. 그림책이라는 특성 때문에 다소 완화된 묘사가 이루어지지만 아동에게 미치는 영향을 고려해 보아야 한다.
- 그림책 속에서 게임은 등장인물과 이야기를 변화시킬 수 있으므로 단순 오락물로 전락하지 않도록 해야 한다. 따라서 아동에게 전달하고자 하는 그림책의 목표(학습, 재미, 상호작용, 안전교육 등)를 정확히 해야 한다.
- 디지털 기기 사용 습관이 형성되면 아동이 종이책이나 비디지털 활동에 흥미를 잃을 가능성이 있다(이지현, 이승하, 2015).

3 … 게임형 디지털 그림책의 제작 사례

1) 제작단계

제목	
〈해와 달이 된 오누이〉 충청남도 금산 지역 전래동화인 『해와 달이 된 오누이』를 파워포인트로 동영상을 제작하고 선택형 게임 요소를 추가한 게임형 디지털 그림책이다.	
준비물	
• 이야기 각색: 『해와 달이 된 오누이』(글 · 그림: 엄마늘보), Chat GPT, 뤼튼, 코파일럿 • 등장인물 제작: 파워포인트 • 배경 제작: 파워포인트 • 음성 삽입: 볼리(AI 음성)	
제작방법	
	1. 기획하기 • 『해와 달이 된 오누이』 전래동화 이야기를 선택한다. • 전래동화를 게임그림책으로 제작하기 위해 어떤 플랫폼을 사용할 것인지 정하고 제작 순서도 정한다.
	2. 각색하기 • 등장인물과 이야기의 내용을 확인하면서 그림책으로 각색한다(Chat GPT, 뤼튼, 코파일럿 등을 이용한다).

	3. 등장인물 제작하기 • 피피티를 열고 그림책을 스캔하거나 ebook의 장면을 불러온다.
	3-1. 등장인물 누끼 따기 • 필요한 등장인물이나 장면을 선택하고 [배경 제거]를 누른다. • 보관할 영역 표시를 이용해 누끼를 딴다.
	4. 배경 만들기 • 다양한 도형을 활용하여 동화의 배경을 만든다(이미지를 불러와도 된다).
	5. 동화 제작하기 • 처음에 누끼를 땄던 등장인물 이미지를 불러와 알맞게 배치한다. [상단 메뉴 중 삽입]-[그림]-[누끼 땄던 이미지 찾아서 삽입]-[이미지를 마우스로 드래그하여 배치]

5–1. 대사 넣기

- 피피티 내에 있는 텍스트 상자를 클릭해 각색한 대사를 적는다.
  [삽입]–[텍스트]

5–2. 애니메이션 추가하기

- 애니메이션을 넣을 요소를 클릭한 후 상단 메뉴에 있는 [애니메이션 추가]를 누른다.

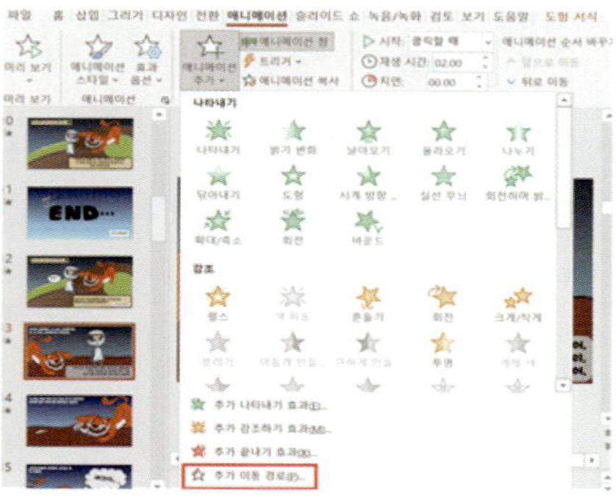

5–3. 움직임 표현하기

- 도망가는 어머니를 표현하기 위해 추가 이동 경로를 선택한다.
  [애니메이션 추가]–[추가 이동 경로]–[사인곡선]
- 이동 경로 말고도 다양한 애니메이션을 넣을 수 있다.

6. 게임의 요소 삽입하기

- 게임형 선택지(A, B)를 선택해야 하는 화면에 텍스트를 추가하여 선택의 항목을 작성한다.
  ① 어머니의 선택
  ② 오누이의 선택
  ③ 호랑이의 선택

<table>
<tr><td>
</td><td>6–1. 화면 전환하기
• A의 질문지를 선택하고 마우스 우클릭하여 [하이퍼링크 삽입]을 클릭한다. 하이퍼링크 편집에서 A를 선택했을 때 이동하고 싶은 슬라이드 번호를 선택한다.
[현재 문서(A)]–[이 문서에서의 위치 선택(C)]–[확인]</td></tr>
<tr><td>
</td><td>6–2. 재선택하기
• [다시 선택하기]를 눌러서 선택지로 돌아갈 수 있게 한다.
[하이퍼링크 삽입]–[현재 문서]–[슬라이드 번호 선택]–[재선택]</td></tr>
<tr><td>
</td><td>6–3. 게임의 요소 삽입하기
• 게임형 선택지 B를 선택했을 때 이야기가 이어질 수 있는 슬라이드 번호로 연결한다.
[하이퍼링크 삽입]–[현재 문서]–[슬라이드 번호 선택]</td></tr>
<tr><td>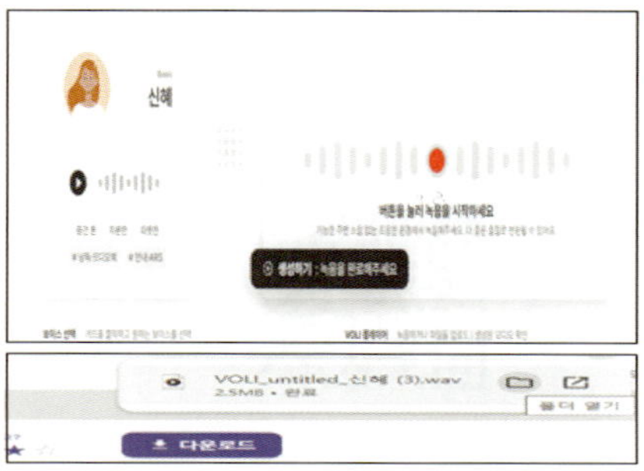
</td><td>7. 녹음하기
• 볼리(VOLI)로 이야기를 자신의 목소리로 녹음하여 AI로 변환을 시켜 확인한다.
• 자신의 목소리 녹음이 어렵다면 AI 음성을 선택해도 된다.
✔ Tip 글씨를 읽을 수 있는 친구들이라면 역할을 나누어 녹음할 수 있다.
• 완성된 음성 파일을 다운로드받는다.</td></tr>
</table>

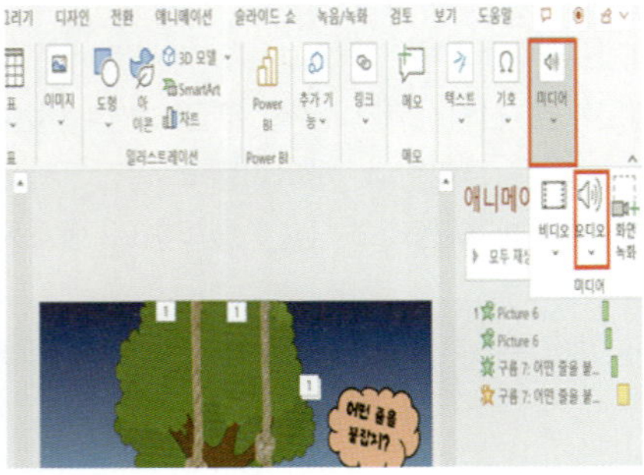	8. 음성 녹음 가져오기 • 다운로드 받은 AI 음성을 상단바 [삽입]에서 [미디어]를 클릭한 후 [오디오]를 클릭한다.
	9. 순서에 맞게 음성 삽입하기 • 녹음된 음성을 장면에 맞게 넣어 준다. 애니메이션 창에서 순서에 맞게 음성이 나올 수 있도록 한다.
	10. 슬라이드쇼 실행하기 • 화면의 전환에 맞게 음성 삽입이 되었는지 전체적인 동화의 실행을 확인한다.
완성본	

제작 시 유의 사항

- 동화의 흐름을 유지하면서 게임 요소가 자연스럽게 사용될 수 있도록 해야 한다.
- 동화의 주제에서 벗어나지 않게 게임의 요소를 사용한다.
- 하이퍼링크를 활용해 선택지를 누르면 다른 슬라이드로 넘어가도록 설계를 해야 한다 (오른쪽 클릭 → 하이퍼링크 → 슬라이드 번호 선택).
- 슬라이드 전환 효과도 적절히 넣어 재미를 더하되, 과하지 않게 만들어야 한다.

2) 동화 소개

(1) 유래 및 줄거리

충청남도 금산 지역 전래동화인 『해와 달이 된 오누이』는 신화, 전설, 민담의 특성을 모두 담고 있는 한국 전통 설화이다. 설화의 주요 특성으로, 첫째, 오누이가 해와 달이 되는 장면은 태양과 달의 기원을 설명하는 신화적인 요소를 담고 있다. 둘째, 호랑이의 피가 수수를 붉게 물들였다는 내용은 전설적인 특성을 보여 준다. 셋째, 호랑이가 오누이를 쫓는 흥미진진한 이야기는 민담의 전형적인 서사 구조를 나타낸다. 이 설화는 현대에도 다양한 방식으로 재해석되며, 문학과 콘텐츠 창작의 중요한 모티브로 활용되고 있다. 대표적으로 2021년 뉴베리상을 수상한 『호랑이를 덫에 가두면』은 이 설화를 현대적으로 재해석한 작품이다(한국민족문화대백과사전-남매가 호랑이의 위협을 피하여 하늘로 올라가 해와 달이 된 내용의 민담).

(2) 교훈 및 교육 효과

- 동화 속에서 나쁜 행동을 한 호랑이의 결과를 통해 규칙과 질서를 지키는 것의 중요성을 깨달을 수 있다.
- 문제를 해결하거나 선택지를 직접 고르며 이야기를 만들어 가는 과정에서 선택 결과를 예측하고 확인할 수 있다.
- 호랑이에게서 벗어나는 과정에서 위험 상황을 다루는 법을 배우고 안전한 생활습관에 대해 이야기 나눌 수 있다.

3) 확장 및 활용

(1) 동화 확장 활동

- 동화를 듣고 게임을 해 본다. '호랑이를 피해 달아나라!'라는 술래잡기 놀이를 하면서 동화에서 오누이의 긴장감을 표현해 본다.
- 해와 달이 된 오누이를 상상하면서 그림을 그려 보거나 가면을 만들어 연극을 한다.
- 동화를 듣고 해와 달의 크기, 위치, 역할에 관심을 갖고 손전등과 공을 사용하여 실험을 해 본다.

(2) 디지털 활용

- **미로 게임**: 피피티로 미로 게임을 만든다. 게임 표지를 만들고 시작 버튼을 누르면 다음 슬라이드로 이동할 수 있도록 하이퍼링크를 삽입한다. 인터넷에서 미로를 찾아 가져온다. 출발과 도착을 만들고 마우스를 이용해 미로 찾기를 해 본다(마우스를 클릭하거나 벽에 부딪히면 실패!!). 다시 도전하기를 클릭하면 슬라이드 2로 이동할 수 있도록 하이퍼링크를 삽입한다. 도착 칸에 마우스를 위에 놓았을 때 성공이다.

부록

견우와 직녀-스톱모션

#1 옛날 옛날, 하늘나라에 착한 소년 견우와 예쁘고 다정한 소녀 직녀가 살고 있었어요. 견우는 소를 돌보는 일을 하고 직녀는 베를 짜는 일을 아주 잘했답니다. 어느 날, 견우와 직녀는 우연히 마주쳤어요. 직녀가 먼저 인사를 했어요. "안녕, 난 직녀야. 너랑 친구하고 싶어!" 견우도 웃으며 대답했어요. "나도! 나는 견우라고 해. 친하게 지내자!"

#2 그때부터 두 사람은 매일 함께 놀고 즐거운 시간을 보내며 서로를 좋아하게 되었어요. 하지만 두 사람은 너무 놀기만 했어요. 견우는 소 돌보는 일을, 직녀는 베 짜는 일을 게을리하게 되었어요.

#3 이 모습을 본 옥황상제는 화가 나서 말했어요. "너희 둘은 더 이상 만날 수 없다!"

#4 그리하여 두 사람을 멀리 떨어뜨려 놓았답니다. 옥황상제는 두 사람 사이에 은하수를 만들어 그들을 갈라놓았어요. 직녀는 하늘의 궁전으로, 견우는 은하수 건너편으로 보내졌어요.

#5 두 사람은 서로가 보고 싶어서 매일매일 울었어요. 그러던 어느 날, 까마귀와 까치들이 두 사람을 보고 안타까워했어요. "견우와 직녀가 너무 슬퍼 보여. 우리가 도와주자!" 그래서 까마귀와 까치들은 은하수 위에 다리를 만들어 주기로 했답니다. 그들은 함께 날아와 다리를 놓았어요. 그렇게 1년에 한 번, 음력 7월 7일이 되면 까마귀와 까치들이 다리를 놓아 두 사람이 만날 수 있게 되었어요.

#6 그날, 견우와 직녀는 설레는 마음으로 서로를 향해 달려갔어요. "견우야, 보고 싶었어!" "나도 너무 보고 싶었어. 직녀야!" 두 사람은 서로 꼭 안고 행복하게 시간을 보냈어요. 하지만 다시 헤어질 시간이 다가왔어요. "우리는 더 이상 힘들어서 못 버티겠어." "우리 이제 헤

어져야 할 것 같아. 까마귀와 까치가 너무 힘들어 보여." "내년 7월 7일에 다시 만나자!" "응! 나도 그때까지 기다릴게!"

#7 그렇게 매년 7월 7일이 되면 까마귀와 까치들이 은하수 위에 다리를 놓아 주었어요. 두 사람은 매년 만나서 사랑을 나누었고 그들의 사랑은 하늘의 별처럼 영원히 빛났답니다.

깜짝! 위험에서 탈출한 날-AI

#1 나는 숲 속의 작은 토끼야.

#2 늘 조용하고 평화로운 숲이었는데 어느 날 호랑이가 나타났어. 호랑이는 나를 보고 눈을 반짝이며 이렇게 말했지.

#3 나는 그 말을 듣고 몸이 움츠러들었지만 곧 마음을 다잡았어, 무작정 도망칠 수는 없었고, 뭔가 꾀를 써야겠다는 생각이 들었거든. 나는 최대한 침착하게 호랑이에게 말했어.

#4 나는 얼른 생각을 하다가 "호랑이님, 제발 저를 잡지 마세요! 제가 당신께 맛있는 음식을 찾아줄 수 있어요!"라고 말했지. 호랑이는 순간적으로 흥미를 보였어. "무슨 음식을?"이라며 나를 쳐다봤지.

#5 "불에 익은 돌덩이를요! 숲에서 가장 맛있고 부드러운 음식이에요!"라고 말했어. 호랑이는 그 말을 듣고 매우 호기심이 생겼고 나를 따라오기로 했어.

#6 나는 호랑이를 큰 바위 옆으로 안내했어. 그리고 일부러 돌덩이를 주워 불에 구워야 한다고 했지. 호랑이는 불 위에 돌덩이를 올려놓고 그걸 기다렸어.

#7 호랑이는 불에 익은 돌덩이를 한입에 넣더니 "앗! 뜨거워!"라고 말하며 재빨리 우물 안으로 뛰어 들어갔어.

#8 호랑이가 우물 안에 빠져서 허우적거릴 때 나는 멀리 도망쳤지.

#9 오늘도 내 지혜로 위기를 넘겼다! 다음에도 이런 방법이 통할지 궁금해.

방귀쟁이 코동이-애니메이티드 드로잉

#1 어느 마을에 방귀쟁이 코동이가 살았어요. 코동이의 방귀는 너무너무 커서 집이 흔들릴 정도였지만 친구들과 함께 노는 것을 아주 좋아했어요.

#2 어느 날 코동이는 친구들이 놀고 있는 마당에 놀러갔어요. "얘들아, 나도 같이 놀자." "얘들아, 방귀쟁이 코동이가 왔어. 다들 도망가!" 코동이는 친구들과 놀고 싶었지만 친구들은 코동이의 큰 방귀를 싫어했어요.

#3 혼자 남겨진 코동이는 다시 집으로 터벅터벅 걸어가는 길이었어요. 그때 하늘에서 우르르 쾅쾅 천둥번개가 치면서 비가 많이 내리기 시작했어요. 그런데 어디서 친구들의 목소리가 들려왔어요. "살려주세요……!!!! 살려주세요……!!!" 코동이는 목소리가 들리는 방향으로 뛰어갔어요.

#4 그곳에는 비가 많이 와서 강물이 길까지 넘치는 바람에 친구들이 집을 가지 못하고 있었어요. 그 모습을 본 코동이는 친구들을 도와주기로 결심했어요. "뿌우우우우우웅!"

#5 코동이는 방귀를 뀌어 강물을 다 말려 버렸어요. 친구들은 신나서 소리쳤어요. "와! 코동아 너의 방귀는 정말 대단해! 엄청나!" 코동이는 쑥스럽게 말했어요. "헤헤 뭘~"

#6 코동이는 친구들과 함께 놀이터에 놀러갔어요. 그런데 코동이 배가 아파오기 시작했어요. 방귀를 뀌고 싶었지만 친구들 앞에서 방귀를 뀌는 것이 망설여졌어요. 하지만 친구들은 다 같이 말했어요. "괜찮아, 우리는 네 방귀가 얼마나 큰지 알고 있어." 코동이는 '뿌우우우우웅 뿡뿡' 방귀를 뀌었어요. 친구들과 코동이는 하하호호 웃었어요.

호랑이를 속인 꾀 많은 토끼-피피티

#1 옛날 옛적 푸른 숲속 옹달샘에 여러 마리의 토끼들이 살고 있었어요.

#2 어느 날 토끼들은 함께 모여 맛있는 감자를 구워 먹기로 했어요.

#3 토끼들은 모닥불 위에 감자를 올려놓고 노릇노릇하게 구워질 때까지 기다렸어요. 타닥…… 타다닥…… 감자는 점점 익어 갔고 맛있는 냄새가 퍼져 나갔어요. "이야! 이제 곧 맛있는 감자를 먹을 수 있겠지!" 토끼들은 기쁨에 가득 차 있었어요.

#4 그런데 갑자기 산속에서 커다란 호랑이가 나타났어요. 호랑이는 때마침 배가 매우 고팠어요.

#5 호랑이는 모닥불 위에 노릇노릇하게 구워진 감자를 보더니…… "크와앙!" 그만…… 토끼들의 감자를 모두 빼앗아 먹어 버렸어요.

#6 그러고는 말했지요. "얌! 이 감자 정말 맛있구나!" 호랑이는 입맛을 다시며 만족했지만 토끼들은 너무 슬펐어요. 감자를 다 빼앗겨 버려서 배가 고팠거든요.

#7 토끼들은 화가 났지만, 생각해 보았어요. "우리가 힘으로는 호랑이를 이길 수 없으니, 꾀를 내야겠어!"

#8 그래서 토끼들은 꾀를 내어 모닥불에 감자와 함께 '자갈'을 섞어 구웠어요. 뜨거운 자갈은 호랑이에게 줄 특별한 '감자'였죠.

#9 토끼들은 호랑이에게 다가가서 말했어요. "호랑이야 우리가 또 감자를 구웠는데 나눠 먹으면 어때? 이번엔 뜨겁게 잘 구웠으니 천천히 먹어야 해."

#10 호랑이는 그 말에 기뻐하며 토끼들이 준 것을 냉큼 받아먹었어요.

#11 그런데 감자 대신 뜨거운 자갈을 먹은 호랑이는 깜짝 놀랐어요! "으악! 내 속이 타는 것 같아!" 호랑이는 너무 아픈 나머지 숲 속을 펄쩍펄쩍 뛰어다녔어요. 그리고는 멀리멀리 도망쳐 버렸지요.

#12 토끼들은 기뻐했어요. "우리가 못된 호랑이를 쫓아냈어! 이젠 맛있는 감자를 배부르게 먹을 수 있을 거야!"

#13 시간이 흐르고 호랑이는 숲으로 돌아와 토끼들에게 자신의 잘못을 사과했어요. "내가 너희 감자를 뺏어 먹어서 정말 미안해……." 호랑이는 그렇게 중요한 교훈을 얻었어요. 욕심을 부리면 자신에게 그대로 되돌아온다는 사실을 말이에요.

#14 마음씨 착한 토끼들은 호랑이의 사과를 받아주었어요. "괜찮아, 호랑이야! 다시 돌아온 걸 환영해!" 그 뒤로 푸른 숲속 옹달샘에서 모두 행복하게 잘 살았답니다.

선녀와 나무꾼-캔바

#1 옛날 옛적 깊은 산속에 마음이 따뜻한 나무꾼이 살고 있었어요.

#2 어느 날 나무꾼은 숲에서 일을 하다가 한 마리 사슴을 발견했어요.

#3 그 사슴은 덫에 걸려 움직일 수가 없었어요. "나무꾼님, 저 좀 도와주세요. 덫에 걸려 꼼짝도 못 하고 있어요. 너무 무서워요……." "걱정하지 마, 사슴아. 내가 도와줄게."

#4 나무꾼은 조심스럽게 사슴을 덫에서 꺼내 주었어요.

#5 사슴은 너무나 기뻐하며 감사의 마음을 전했어요. "정말 고마워요, 나무꾼님! 저를 도와주셨으니 제가 나무꾼님에게 제 친구를 소개시켜 드릴게요. 저를 따라오세요."

#6 사슴을 따라간 나무꾼은 어느 예쁜 연못에 도착했어요. "저 선녀는 하늘에서 내려온 제 친구예요. 마음이 착한 나무꾼님이라면 제 친구 선녀와 좋은 친구가 될 수 있을 거예요."

#7 사슴은 나무꾼과 함께 선녀에게 다가갔어요. "선녀야, 날 구해 주신 나무꾼님이야. 마음씨가 고운 너와 좋은 친구가 될 수 있을 거야."

#8 선녀는 나무꾼의 착한 마음씨를 보고 미소 지었어요. "안녕하세요, 나무꾼님. 이렇게 착한 나무꾼님이라면 저도 친구가 되고 싶어요. 그런데 저는 하늘로 돌아가야 해서 오래 머무를 수 없어요."

#9 나무꾼은 선녀의 말에 고개를 끄덕였어요. "그럼요, 선녀님. 언제든 하늘로 돌아가셔야 하면 보내드릴게요. 선녀님과 친구가 될 수 있어서 정말 행복해요."

#10 나무꾼과 선녀는 좋은 친구가 되어 숲속에서 즐거운 시간을 보냈어요.

#11 하지만 얼마 지나지 않아 선녀는 나무꾼과 헤어질 시간이 되었어요. "이제 하늘로 돌아가야 할 시간이에요. 나무꾼님과 함께한 시간 정말 재미있었어요." "선녀님, 마음이 아프지만…… 조심히 돌아가세요. 다음에 또 만날 수 있으면 좋겠어요."

#12 선녀는 나무꾼의 착한 마음을 기억하며 하늘로 돌아갔어요. 아쉽지만 언젠가 다시 만날 날을 기다리기로 했어요.

#13 하늘로 돌아간 후에도 선녀는 나무꾼이 생각났어요.

#14 선녀는 매일 나무꾼을 그리워하며 기도를 드렸어요. '하늘의 법을 어기지 않고도 나무꾼과 함께할 수 있는 방법은 없을까요?'

#15 선녀의 기도가 하늘나라 임금님에게까지 전해졌고 임금님은 선녀의 간절한 마음을 허락해 주셨어요.

#16 어느 맑은 날 나무꾼이 일하는 숲에 선녀가 다시 내려왔어요.

#17 나무꾼은 깜짝 놀랐지만 기뻐하며 선녀를 맞이했어요. "선녀님, 정말 다시 오셨군요!" "네, 나무꾼님! 이제 하늘나라 임금님께서도 우리의 사랑을 허락해 주셨어요. 이제 당신과 함께 이 숲에서 행복하게 지낼 수 있어요."

#18 이렇게 다시 만난 나무꾼과 선녀는 오랫동안 행복하게 살았답니다.

구렁덩덩 신선비-제페토

#1 옛날 어느 산골 마을에 자식이 없어 외로운 할머니가 살았어요. 할머니는 틈날 때마다 산신령에게 자식을 갖게 해 달라고 빌었지요. “산신령님 제발 아기를 갖게 해주세요.” 그랬더니 정말로 할머니가 아기를 갖게 되었어요. “아이고, 감사합니다 산신령님.”(춤을 춘다.)

#2 “에구머니나, 이게 무슨 일이람!! 구불구불하고 기이이이다랗고 커다란 이것은 뭐야?” 그건 바로 구렁이였어요. 할머니가 구렁이를 낳았다는 소문에 이웃 마을 김 부잣집 세 딸이 구경 왔어요. “에쿠, 징그러운 구렁이잖아!” “어떻게 사람이 구렁이를 낳아?” “어머나, 귀여운 구렁이네?”

#3 세월이 흘러 구렁이가 장가 갈 때가 되자 할머니를 졸랐어요. “김 부잣집 딸에게 장가 보내주세요.” 할머니가 할 수 없이 김 부잣집으로 갔어요. 하지만 첫째 딸, 둘째 딸은 찬바람이 쌩쌩, 다행히 셋째 딸이 고개를 끄덕였어요. “좋아요, 제가 구렁이에게 시집갈게요.”

#4 얼마 후 구렁이와 셋째 딸은 혼례를 올렸어요. 첫날밤 구렁이가 각시인 셋째 딸에게 말했어요. “나에게 꿀 항아리를 가져다주시오.” “알겠어요.”(항아리에 구렁이가 들어간다.) 그랬더니 늠름한 선비로 변했답니다.

#5 “구렁이가 멋진 선비가 되었다며?” “한양으로 과거도 보러 간다지?” 사람들은 구렁이를 구렁덩덩 신선비라 부르며 신기해했어요. “저렇게 멋진 선비였을 줄이야.” “내가 결혼할 걸 그랬어!”

#6 구렁이: “이 구렁이 허물을 꼭 간직해 주시오. 그래야 내가 돌아올 수 있다오.”

각시: (끄덕끄덕)

그렇게 구렁덩덩 신선비는 과거를 보러 떠났어요.

#7 “둘째야, 우리 셋째네 집에 놀러가자.” “좋아, 좋아.”(구렁이 허물이 집에 있는 것을 발견한다.)

“아이고, 더러워라. 이런 걸 왜 가지고 있담?” “불에 태워 버리자.” “에구에구, 이걸 어쩌나!!”(슬퍼한다.)

#8 해가 바뀌어도 구렁덩덩 신선비는 돌아오지 않았어요. “안 되겠다. 내가 직접 구렁덩덩 신선비를 찾으러 가야겠어.” 각시는 길을 나섰지만 구렁덩덩 신선비를 찾는 일은 쉽지 않았어요. “도대체 어디 계시는 거야. 아이고, 힘들어라.” 각시가 집을 나선 지 꼬박 하루가 지났어요. “저 산을 넘으면 구렁덩덩 신선비를 만날 수 있을 거야.”(산을 오른다.)

#9 "저 나무 위에 있는 건 뭐지? 독수리잖아?" "안녕 독수리야. 구렁덩덩 신선비 어디 있는지 아니?" "당연히 알지, 난 모르는 게 없는 독수리야." "나를 구렁덩덩 신선비에게 데려다 줄 수 있을까?" "그래, 내가 너를 도와줄게."(독수리를 타고 날아간다.) "각시야, 여기 들판을 쭉 따라가면 구렁덩덩 신선비를 만날 수 있을 거야." 독수리는 각시를 들판에서 내려 주었어요. "독수리야, 고마워." "구렁덩덩 신선비를 꼭 만나길 바라."(하늘로 멀리 날아가는 모습)

#10 독수리가 떠나가고 들판을 걷고 걸었지만, 각시는 구렁덩덩 신선비를 만나지 못했어요. "보고 싶어요. 어디 계세요, 구렁덩덩 신선비……." 각시는 훌쩍훌쩍 울었어요. "후여후여, 그만 까먹고 날아가거라. 구렁덩덩 신선비가 드실 쌀은 남겨 둬야지." 그 소리에 각시는 얼른 울음을 그쳤어요. 다행히 아저씨는 구렁덩덩 신선비 집을 알려 주었어요. 구렁덩덩 신선비는 달을 향해 빌고 있었어요. "달아, 밝은 달아. 내 어여쁜 각시를 비춰 주렴." 그러자 각시가 답했지요. "달아, 밝은 달아. 내 어여쁜 서방님도 비춰 주렴." 구렁덩덩 신선비는 깜짝 놀라 돌아보니 각시가 있었어요. "허물이 없어져서 못 가고 있는데 어떻게 찾아온 거요?" 비록 약속을 지키지 못한 각시지만 먼 길을 찾아온 정성에 구렁덩덩 신선비는 마음이 풀렸어요. 그렇게 둘은 헤어지지 않고 오래오래 행복하게 살았답니다.

의좋은 토끼 형제-엔트리

#1 옛날 어느 산골 마을에 의좋은 토끼 형제, 토토와 타타가 살았어요. 이 둘은 서로를 아끼고 사랑하는 마음이 남달랐습니다. 토토와 타타는 당근을 수확하고 똑같이 나누었어요.

#2 그런데 그날 밤 토토는 타타의 당근이 부족할까 걱정이 되어 자신의 당근을 몰래 타타의 집 앞에 갖다 놓았습니다.

#3 타타도 마찬가지로 토토의 가족이 많다는 생각에 자신의 당근을 토토의 집 앞에 옮겨 놓았습니다.

#4 다음 날 아침 두 형제는 놀랍게도 자신의 당근이 그대로인 것을 발견했습니다. 서로가 서로를 위해 당근을 옮긴 줄 몰랐던 거죠. 그래서 다시 한 번 더 당근을 옮기기로 결심했습니다.

#5 밤이 되자 토토와 타타는 다시 서로의 집으로 당근을 옮기기 시작했습니다. 그러다가 어느 순간 두 형제는 마주치게 되었고 서로의 당근을 들고 있는 것을 발견했습니다. "왜 내

당근이 줄어들지 않았지?" 토토가 말했어요. "나도 그렇게 생각했어!" 타타가 대답했습니다. 그들은 서로를 위해 당근을 옮기는 것을 알게 되었고 함께 웃으며 서로를 칭찬했습니다. 둘은 웃으며 할머니에게 달려갔습니다.

#6 할머니는 그들의 웃음을 듣고 무슨 일이 있는지 궁금해했습니다. "할머니, 할머니! 우리 둘 다 서로의 당근을 옮겼어요!" 토토가 말했습니다. "정말이냐?" 할머니가 놀라며 물었습니다. "네, 할머니! 우리는 서로를 위해 당근을 옮겼어요. 그래서 우리 둘 다 당근이 그대로였던 거예요!" 타타가 덧붙였습니다. 할머니는 그들의 선의의 행동에 감동하여 눈물을 흘렸습니다.

#7 그녀는 그들을 안아 주며 말했습니다. "너희들은 정말 착한 아이들이야. 서로를 위하고 사랑하는 마음이 이렇게 아름다운 결과를 만들어 냈구나." 그날 할머니는 마을 사람들에게 토토와 타타의 이야기를 전했습니다.

#8 마을 사람들은 그들의 착한 마음에 감동하고, 할머니의 생일을 축하하기 위해 함께 모여 파티를 열었습니다. 그날 이후로 토토와 타타는 마을에서 '당근 형제'로 알려지게 되었습니다.

#9 그들은 서로를 위하고 사랑하는 마음으로 마을 사람들에게 사랑과 희망을 전하며, 할머니와 함께 행복한 일상을 보냈습니다. "우리는 정말 의좋은 형제야!" 토토가 말했습니다. "맞아, 우리는 서로를 위해 항상 노력할 거야!" 타타가 대답했습니다.

반쪽이-어셈블러

#1 옛날 어느 집에 눈도 하나, 귀도 하나, 팔도 하나인 반쪽이가 태어났어요. 동네 사람들은 그 아이를 '반쪽이'라고 불렀어요.

#2 반쪽이는 힘이 엄청나게 강했지만, 형들은 반쪽이를 좋아하지 않았어요.

#3 어느 날, 형들은 반쪽이를 숲의 나무에 묶어 버리고 그냥 집으로 돌아왔어요. 하지만 힘이 센 반쪽이는 나무를 뿌리째 뽑아 와서는 집 근처에 다시 심었어요.

#4 시간이 지나 반쪽이는 형들이 장가를 가는 모습을 보고 자신도 결혼하고 싶어졌어요. 반쪽이는 어머니에게 건넛마을 김동지의 딸에게 장가들게 해 달라고 부탁했어요. 하지만 어머니는 그런 반쪽이를 말렸어요.

#5 어머니의 말에도 반쪽이는 포기하지 않고 직접 김동지 집을 찾아갔어요. 반쪽이는 김

동지의 집에 찾아가 "딸과 결혼하게 해 주세요!"라고 말했어요.

#6 결혼을 반대하는 김동지는 밤새도록 딸을 지키도록 했어요. 반쪽이는 밤마다 김동지 집을 몰래 찾아가 여러 가지 장난으로 가족들을 골탕 먹였어요. 결국 가족들은 지쳐 잠들었고, 반쪽이는 색시를 데리고 나왔어요.

#7 모두가 당황해 우왕좌왕하는 사이 반쪽이는 색시를 돌려보낸 뒤 조용히 뒤뜰로 향했어요. 그리고 놀라운 일이 일어났어요.

#8 반쪽이는 자신의 얼굴 껍질을 벗어내고 멀쩡한 미남자가 되었어요. 사실 그는 하늘에서 벌을 받아 내려온 천상의 선관이었던 것이에요. 가족들은 반쪽이와의 결혼을 허락했어요. 김동지의 딸과 결혼한 반쪽이는 과거에 급제하여 평생 행복하게 살았답니다.

해와 달이 된 오누이-게임형 디지털 그림책

#1 옛날 옛날 한 옛날, 깊고 깊은 산 속에 홀어머니와 오누이가 살고 있었어. 하루는 어머니가 아랫마을 잔칫집에 일을 하러 가게 되었지. "엄마 다녀올 테니 집 잘 보고 있거라. 호랑이가 나타날 수도 있으니 절대로 문을 열어 주면 안 된다." "네, 어머니. 걱정하지 말고 잘 다녀오세요."

#2 어머니는 아랫마을 잔칫집에 가서 열심히 일했어. 일을 모두 마쳤을 때 잔칫집 주인마님이 수고했다며 따끈따끈한 떡을 싸 주었네? "맛있는 떡. 우리 오누이에게 가져다줘야지." 떡을 보고 좋아할 아이들을 생각하니 발걸음이 사뿐사뿐 아주 가벼웠단다.

#3 집으로 가는 산의 첫 번째 고개에 들어섰을 때 호랑이 한마리가 어머니 앞을 가로막았어. "에구머니나. 호…… 호…… 호랑이?" "그 보자기 안에 든 게 뭐냐?" "떡…… 떡…… 떡이지." "으응, 그래? 그럼 떡 하나 주면 안 잡아먹지." "안 돼. 이건 우리 오누이 줄 떡이야." "그래? 그럼 널 잡아먹을까?"

(선택지 A, B-어머니의 선택)

A: 어떻게 얻은 떡인데…… 우리 오누이 줘야지. 절대 못 줘!

B: 목숨은 살고 봐야지. 일단 하나 주자!

-A일 경우: 호랑이에게 잡아먹히고 동화가 끝이 난다.

-B일 경우: 어머니는 할 수 없이 떡을 하나 집어 호랑이에게 던져 주었다.

"옜다." 그러곤 재빨리 호랑이 옆을 지나 걸음아 나 살려라 도망갔어.

#4 하지만 호랑이는 그다음 고개에서도, 또 그다음 고개에서도 나타났어. 어머니는 만날 때마다 떡을 던져 주고 도망쳤어. 이런 식으로 몇 고개를 넘는 사이 떡은 모두 호랑이의 밥이 되고 말았어.

#5 더 이상 떡이 남아 있지 않은 걸 본 호랑이는 한입에 꿀꺽 어머니를 잡아먹어 버렸어.

#6 그런데 이놈의 호랑이는 아직도 배가 고팠어. 호랑이는 집에서 기다리고 있다는 오누이를 생각해 냈어. 호랑이는 어머니의 머릿수건과 옷을 걸치고 오누이가 있는 초가집으로 내려갔어.

#7 한편, 오누이는 방 안에서 문을 꼭꼭 닫고 어머니를 기다리고 있었어. 그때였어. "엄마다. 문 열어라."

#8 "잠깐, 엄마 목소리가 아냐." 오빠가 재빨리 문을 열려는 동생의 팔을 잡았어. "우리 엄마 목소리가 아니야. 우리 엄마 목소리는 그렇게 거칠지 않아."

#9 "그야 온종일 일하고 찬바람을 쐬고 와서 그렇지." "그럼 손을 보여 줘 봐요. 우리 엄마 손은 하얗고 고우니까."

#10 호랑이는 얼른 부엌으로 가서 손에 하얀 밀가루를 묻혔어. 그리고는 쑥 문을 뚫고 손을 넣어 보여 주었지.

#11 "분명 하얗긴 한데 알록달록 붉은 털은 뭐지? 우리 엄마 손은 이렇게 붉고 거칠지 않아." 오빠가 말했어. "그거야 온종일 일하고 찬바람을 쐬고 와서 그렇지."

(선택지 A, B-오누이의 선택)

A일 경우: 엄마가 너무 추울 것 같아. 어서 문 열자.

B일 경우: 이건 엄마의 손이 아니야. 열어 줄 수 없어.

#12

A일 경우: 미안해진 오빠와 동생은 얼른 문을 열어 주었어. 그러자 호랑이가 큰 소리로 울며 오누이를 덮쳤어. "엄마야." 오누이는 깜짝 놀라 재빨리 뒷문을 열고 뒷마당으로 도망쳤어.

#13 "요 녀석들 어디로 간 거지?"호랑이는 두리번거리며 이곳저곳을 살펴보았어. "찾았다." 호랑이는 나무 위에 있는 오누이를 발견했어.

#14 호랑이는 바로 나무에 오르려고 했어. 그런데 그만 '쿵' 하고 떨어지고 말았지.

#15 "얘들아, 너희들은 어떻게 나무에 올라갔니?" 오빠는 꾀를 내며 이렇게 대답했어. "그야 참기름을 바르고 올라오면 금방 올라오지."

#16 호랑이는 부엌에 가서 두 손에 참기름을 바르고 와서 다시 나무에 오르려고 했지.

#17 그런데 이번에도 '쿵' 하고 떨어지고 말았어. 참기름을 발라 미끌미끌 주르륵 미끄러진 거야. 동생은 "바보. 도끼로 찍으면서 올라오면 금방 올라오는데 말이야."하고 말해 버렸어.

#18 "옳다구나!" 호랑이는 도끼를 찾아와서 '쿵, 쿵' 나무를 찍으며 나무 위로 오르기 시작했어.

#19 깜짝 놀라 벌벌 떨던 오누이는 두 손을 모아 하나님께 기도하기 시작했어. 그러자 하늘에서 굵고 튼튼한 동아줄이 하나 쑥 내려왔단다. 오누이는 동아줄을 잡고 하늘로 올라갔어.

#20 그 모습을 본 호랑이도 기도를 했어. 그러자 정말 쑥 동아줄이 내려왔어.

(선택지 A, B-호랑이의 선택)

동아줄을 선택했다면 해와 달이 되지 못한 오누이 엔딩

썩은 동아줄을 선택했을 때 호랑이는 동아줄을 붙잡고 오르기 시작했단다. 그런데 갑자기 동아줄이 '툭' 하고 끊어진 거야. 호랑이의 동아줄은 썩은 동아줄이었어.

#21 결국 호랑이는 '쿵' 하고 떨어져 죽고 말았단다.

#22 하늘로 간 오누이는 어떻게 되었냐고? 오누이는 하늘의 해님과 달님이 되었어. 어둠이 무서운 동생은 해님이 되었고, 용감한 오빠는 어둠을 밝히는 달님이 되었단다.

참고문헌

강주현, 허나원, 정연숙(2024). 교육적 관점에서 주목하는 메타버스 속성과 실천 과제: 교육 활동가들의 메타버스 집담회 참여를 통한 문화기술지적 접근. 교육혁신연구, 34(3), 1-26.

관위안위안, 윤여경(2022). 디지털 그림책 향유 유형에 따른 어린이 정서능력 향상 방안에 관한 연구. 상품문화디자인학연구(KIPAD논문집), 71, 83-94.

김경미(2024). 블록기반 언플러그드 코딩교육홀동 과정에서 나타난 만 5세 유아의 컴퓨팅 사고 경험에 대한 질적 분석. 단국대학교 대학원 박사학위논문.

김규섭, 강준철, 김민정, 김영철, 송기진, 양진영, 어성우, 오은솔, 우인숙, 정웅, 조창호, 한솔(2022). 메타버스 교육백서. 지오북스.

김민하(2015). 유아용 앱북 제작을 위한 인터랙션 디자인의 적용 효과성 연구. 숙명여자대학교 대학원 박사학위논문.

김보민(2020). 인성 동화를 활용한 협동게임 활동이 유아의 자기 조절력과 친 사회적 행동에 미치는 영향. 서울교육대학교 대학원 석사학위논문.

김상균(2021). 메타버스. 플랜비디자인.

김정겸, 변정숙(2014). 멀티미디어 동화수업과 구연동화 수업이 유아의 언어표현력과 그리기 표상 능력에 미치는 영향. 한국산학기술학회논문지, 15(3), 1404-1413.

김정아(2015). 고등학교 1학년 미술 수업에서 스마트폰 앱의 활용이 창의적 표현력에 미치는 영향: 스톱모션 애니메이션 제작을 중심으로. 이화여자대학교 교육대학원 석사학위논문.

김진곤(2019). 디지털속성에 따른 전자그림책 표현방식의 특징. 커뮤니케이션디자인학연구, 67, 405-417.

김태은(2017). 증강현실기술을 적용한 유아용 동화책 제작에 대한 연구. 디지털콘텐츠학회논문지, 18(3), 435-442.

김현경(2020). 디지털 그림책과 사회적 독서. 독서아카고라연구, 2, 219-235.

김현경(2022). 유아 교사의 디지털 그림책 인식과 활용-코로나19 팬데믹 상황의 유아교육기관을 중심으로. 아동청소년문학연구, 6(30), 245-282.

남고은(2024). 메타버스 제작에 관한 사용자 경험 분석: 제페토를 중심으로. 한국디자인포럼, 29(1), 173-186.

남효순(2023). 디지털 기기와 그림책을 활용한 유아 그림책 보기의 뇌파 활성도 비교. 영유아교육지원연구, 8(3), 45-65.

박상준(2021). 미래 사회에서 메타버스 교육의 방향. 미래융합교육, 2(2), 61-81.

박현식, 고인석, 김홍근, 박성원, 박창훈, 염창선, 이중만, 조상섭, 최예정, 한유미(2021). 인문사회학으로 보는 AI: 인공지능 시대, 인간의 삶과 사회는 어떻게 변화하는가. 자유아카데미.

박혜영(2010). 강태웅의 스톱모션 애니메이션 연구. 중앙대학교 첨단영상대학원 석사학위논문.

사한, 이동열(2021). PC 교육용 퍼즐 게임과 유아 지능 발달의 관계. 디지털융복합연구, 19(6), 281-284.

상명대학교 구비문학연구회(2005). 디지털아산문화대전-온양아산의 구비문학. 온양문화원.

서정만, 권순녀(2010). 아동을 위한 게임에서의 디지털 컨텐츠의 제안. 한국컴퓨터정보학회 학술발표논문집, 18(2), 447-448.

양지선(2024). 에듀테크 기반 디지털 스토리텔링을 활용한 그림책 개발 활동 사례 연구. 한국초등교육, 35(2), 115-136.

왕멍야오, 한석원(2024). 알파 세대의 독서특징에 따른 메타버스 그림책 발전전략 분석 연구. 아시아태평양융합연구교류논문지, 10(8), 643-656.

우상근(2021). 초대규모 AI 모델(GPT-3)의 부상과 대응 방안. IT & Future Strategy 보고서, 2, 한국지능정보사회진흥원.

유지영, 이정욱(2021). 스톱모션 애니메이션 제작 활동이 유아의 이야기 꾸미기 능력 및 창의성에 미치는 영향. 어린이미디어연구, 20(1), 27-55.

윤주영, 김영민(2012). 스톱모션 애니메이션의 컬러를 통해 드러난 환상성 연구: 헨리 셀릭 작품을 중심으로. 커뮤니케이션디자인학연구, 37(2), 77-87.

이다연, 김태현, 조소연, 정예일(2024). 창의적 표현을 위한 애니메이티드 드로잉 기반 프레젠테이션 저작 도구 개발. 컴퓨터교육학회 논문지, 27(3), 135-144.

이승환(2021). 메타버스 비긴즈. 굿모닝미디어.

이유광(2018). 증강현실 기반 읽기 중재 프로그램이 지적장애 학생의 읽기 이해력 및 학습태도에 미치는 효과. 전남대학교 특수교육학과 석사학위논문.

이유미, 남효순(2017). 시청각 영상자극에 따른 유아의 전두부 뇌파반응에 대한 연구. 학습자중심교과교육연구, 17(20), 939-956.

이인화(2021). 메타버스란 무엇인가. 스토리프렌즈.

이지현, 이승하(2015). 게임 소재 동화의 특징과 변화 양상. 한국아동문학연구, 28, 143-174.

이하나, 왕린(2017). 디지털 콘텐츠 매체 유형별 유아의 그림책 유도성 연구. 예술인문사회융합멀티미디어논문지, 7(5), 73-82.

이혜진, 백재훈(2003). 폼 라텍스를 이용한 스톱모션 애니메이션 캐릭터 제작에 관한 연구. 한국디자인학회 국제학술대회 논문집, 212-213.

임창주, 원대한, 정윤근(2014). Unity3D를 이용한 전래동화 게임 제작 툴 개발. 한국게임학회 논문지, 14(1), 29-38.

전혜리, 이상민, 박일이(2021). 영어교육에서의 AI 활용 연구에 대한 체계적 문헌 고찰. 멀티미디어 언어교육, 24(1), 87-103.

정광용(2010). 디지털 게임의 초점화 연구. 홍익대학교 대학원 석사학위논문.

정유진, 서은숙(2022). 메타버스 활용 사회통합프로그램(KIIP) 수업 설계 및 운영 방안 연구: 4단계 '한국어와 한국문화' 과정을 중심으로. 다문화콘텐츠연구, 41, 311-332.

조영임(2023). 초거대 AI와 생성형 인공지능. TAT저널, 207, 36-46.

차진명, 송지혜(2022). 몰입 · 창의성 공간 메타버스에서의 문학콘텐츠: '제페토 드라마'를 중심으로. 인문콘텐츠, 66, 33-54.

최윤규, 김미애(2023). 태블릿 PC를 활용한 디지털 그림책 만들기 활동이 유아의 그리기표상능력과 사회정서능력에 미치는 영향. 한국어린이미디어학회 학술대회 자료집, 135-143.

하광수(2019). 디지털과 아날로그 콘텐츠 융합을 통한 어린이 그림책 만들기 활동방법. 한국콘텐츠학회논문지, 20(2), 51-59.

한석원(2024). 알파세대의 독서특징에 따른 메타버스 그림책 발전전략 분석 연구. 아시아태평양융합연구교류논문지, 10(8), 643-656.

한승수, 김준형, 박윤주, 오윤아, 최태양, 손현승(2024). 생성형 AI를 활용한 동화책 생성 시스템 개발. ACK 2024 학술발표대회 논문집, 31(2), 598-599.

한승우, 강성애(2024). 생성형 인공지능 '지미니(Gemini)'와 'ChatGPT-4'를 활용한 동화책 만들기에 관한 수업모형 개발 및 연구. 인문학연구, 37, 69-94.

한유미(2023). (AI 시대, 개정 누리과정에 입각한) 유아 수학 교육(4판). 창지사.

한유미, 오연주, 김애경(2021). 전자그림책의 활용실태와 인식: 아이돌보미와 유아교육과 학생의 비교를 중심으로. *Journal of Information Technology Applications & Management*, *28*(4), 1-11.

한유미, 원순옥(2022). 증강현실 그림책 현황과 유아의 몰입도. JITAM, 29(1), 47-57.

허나원, 강주현, 이상수(2023). 메타버스 활용 교육에 대한 탐색적 연구: 교육 전문가들의 이야기를 중심으로. 교과교육학연구, 27(5), 434-451.

허영(2022). 가상현실 및 증강현실을 활용한 아동용 디지털 에듀테인먼트 콘텐츠 개발. 기초조형학연구, 23(2), 643-656.

허정은(2012). 팝업북과 앱북으로 만든 어린이그림책. 이화여자대학교 대학원 석사학위논문.

허필여(2014). 천둥방귀를 뀌는 며느리. 파란.

홍성용(2022). 단번에 이해하는 메타버스 3.0. 매일경제신문사.

Baia, J., Zhanga, H., Chena, Q., Chenga, X., & Zhoua, Y. (2022). Technical supports and emotional design in digital picture books for children: A review. *Procedia Computer Science*, *201*, 174-180.

Brown, T. B., Mann, B., Ryder, N., Subbiah, M., Kaplan, J., Dhariwal, P., et al. (2020). *Language Models Are Few-Shot Learners*. arXiv preprint arXiv:2005.14165.

Burke, C. (2008). *A history of children's books in 100 books*. British Library.

Bus, A. G., Neuman, S. B., & Roskos, K. (2020). Screens, apps, and digital books for young children: The promise of multimedia. *AERA Open*, *6*(1), 1-6.

Bus, A. G., Takacs, Z. K., & Kegel, C. A. T. (2015). Affordances and limitations of electronic storybooks for young children's emergent literacy. *Developmental Review*, *35*, 79-97.

Cain, N., & Gradisar, M. (2010). Electronic media use and sleep in school-aged children and adolescents: A review. *Sleep Medicine*, *11*(8), 735-742.

Cambridge University Library. (1990). *Medieval manuscripts*. Cambridge University Press.

Daly, J. (2016). *Johannes Gutenberg: The inventor of the printing press*. Rosen Publishing.

Furenes, M. I., Kucirkova, N., & Bus, A. G. (2021). A comparison of children's reading on paper versus screen: A meta-analysis. *Review of Educational Research, 91*(4), 483-517.

Gee, J. P. (2003). *What video games have to teach us about learning and literacy*. Palgrave Macmillan.

Harris, T. L. (1999). *Children's literature: A guide to the criticism*. John Wiley & Sons.

Hoel, T., & Jernes, M. (2024). Quality in children's digital picture books: Seven key strands for educational reflections for shared dialogue-based reading in early childhood settings. *Early Years, 44*(3-4). 480-494.

Jakes, D. S., & Brennan, J. (2005). *Capturing stories, capturing lives: An introduction to digital storytelling*. Securedata.net, 30.

Kucirkova, N. (2019). Children's reading with digital books: Past moving quickly to the future. *Child Development Perspectives, 13*(4), 208-214.

Leonard, L. (2023). *Generation alpha: A guide to understanding digital natives*. Amazon Publishing.

Li, C. (2024). A study on the impact of digital picture book reading on children's reading literacy. *Communications in Humanities Research, 34*(1), 5-9.

Li, X., & Bus, A. G. (2023). Efficacy of digital picture book enhancements grounded in multimedia learning principles: Dependent on age? *Learning and Instruction, 85*, 1-9.

Lyons, L. (2018). Digital reading: What's the score?. *Literacy, 52*(2), 84-90.

Marcus, L. S. (2023). *A brief history of picture books*. Publishers Weekly.

Norman, J. (2024). *John Newberry issues the first printed book specifically for the amusement of children: No copies of the first edition survive*. https://historyofinformation.com/detail.php?id=2946

Osborne, R. (2006). *The world of the pharaohs*. Getty Publications.

Papadakis, S., Kalogiannakis, M., & Zaranis, N. (2018). The effectiveness of computer and tablet assisted intervention in early childhood students' understanding of numbers. An empirical study conducted in Greece. *Education and Information Technologies, 23*, 1849-1871.

Richter, A., & Courage, M. L. (2017). Comparing electronic and paper storybooks for preschoolers: Attention, engagement, and recall. *Journal of Applied Developmental Psychology, 48*, 92-102.

Ronimus, M., Kujala, J., Tolvanen, A., & Lyytinen, H. (2014). Children's engagement during digital game-based learning of reading: The effects of time, rewards, and challenge. *Computers & Education, 71*, 237-246.

Rvachew, S., Rees, K., Carolan, E., & Nadig, A. (2017, April). Improving emergent literacy with school-based shared reading: Paper versus ebooks. *International Journal of Child-Computer Interaction, 12*, 24-29.

Smith, H. J., Zheng, Q., Li, Y., Jain, S., & Hodgins, J. K. (2023). A method for animating children's drawings of the human figure. *ACM Transactions on Graphics, 42*(3), 1-15.

Takacs, Z. K., & Bus, A. G. (2018). How pictures in picture storybooks support young children's story comprehension: An eyetracking experiment. *Journal of Experimental Child Psychology, 174*, 1-12.

Tsai, M.-J., Liang, J.-C., & Tsai, C.-C. (2015). The critical issues of technology-enhanced learning environments. *Computers & Education, 88*, 124-135.

Tucker, N. (2010). *The rough guide to children's books*. Rough Guides.

Vaswani, A., Shazeer, N. M., Parmar, N., Uszkoreit, J., Jones, L., Gomez, A. N., Kaiser, Ł., & Polosukhin, I. (2017). *Attention is all you need*. Neural Information Processing Systems.

Wardrip-Fruin, N., & Montfort, N. (2003). *The new media reader*. MIT Press.

Yokota, J., & Teale, W. H. (2014). Picture books and the digital world: Educators making informed choices. *The Reading Teacher, 67*(8), 577-585.

〈웹사이트〉

https://brunch.co.kr/@bitinsight/442 (염민주, 2023)

http:// en.childrenslibrary.org

https://hechingerreport.org/proof-points-paper-beats-pixels-on-most-picture-books-research-finds (Barshay, J., 2021)

http://m.cine21.com/movie/minfo/?movie_id=9718

https://1000logos.net/microsoft-powerpoint-logo

https://ckmakers.com/79/?bmode=view&idx=5833050

https://jamesdbest.blogspot.com/2018/10/ebooks-vs-printwho-won.html (James D.,2018)

https://medium.com/@daisygarciathomas/digital-literacy-and-safety-for-generation-alpha-a-world-online-a1f2bbc41ef4 (Thomas, D., 2024)

https://mywriteofpassageblog.wordpress.com/2015/01/21/a-great-debate-e-book-or-paperback-which-do-you-prefer/ (Betzner, T., 2015)

https://namu.wiki

https://ncms.nculture.org/traditional-stories/story/42

https://ncms.nculture.org/traditional-stories/story/5812

https://ncms.nculture.org/traditional-stories/story/6175

https://v.daum.net/v/20240625043025806 (조원경, 2024)

https://www.assemblrworld.com/studio

https://www.lecturernews.com

https://www.museum.go.kr/site/main/home

https://www.youtube.com/watch?v=8z95M_ktpr4

https://www.youtube.com/watch?v=96NozSJ5_3k&t=31s

https://www.youtube.com/watch?v=dNJdJIwCF_Y

https://www.youtube.com/watch?v=VnwrOBvZ4po

집필진

한유미 호서대학교 유아교육과/AI융합콘텐츠학과 교수
호서대학교 디지털과 영유아교육연구소 소장
충남어린이인성학습원 원장

김민재 호서대학교 유아교육과 링크사업단 산업체교수
호서대학교 디지털과 영유아교육연구소 부소장

김윤희 신성나비랑어린이집 원장
호서대학교 디지털과 영유아교육연구소 연구원

김정연 충남어린이집연합회 천안시지회 홍보국장
호서대학교 디지털과 영유아교육연구소 연구원

민혜홍 컴퓨팅사고활용능력(CTAA) 자격증 과정 강사
호서대학교 디지털과 영유아교육연구소 연구원

심혜진 늘봄학교 강사 연수 과정 강사
호서대학교 디지털과 영유아교육연구소 부소장

오숙자 컴퓨팅사고활용능력(CTAA) 자격증 과정 강사
호서대학교 유아교육과 박사과정

조미경 전 건국대학교 유아교육과 외래교수
숙명여자대학교 교육공학과 박사과정 수료

최예숙 캔바(canva) 전문강사
호서대학교 디지털과 영유아교육연구소 연구원

허선화 컴퓨팅사고활용능력(CTAA) 자격증 과정 강사
호서대학교 디지털과 영유아교육연구소 연구원

제작진

강민서 강선우 강수진
권채은 김가림 김나은
김나형 김다연 김민서
김지선 남채연 류하진
박세영 박송희 박지희
배시은 성유리 심지은
오지혜 유민주 이민경
이세은 이인영 이지윤
이지현 임나영 장선이
장채은 전지민 전호연
정하나 조수민 최유리
최유진 하지윤 황수정
황인서

디지털 시대의 그림책 제작과 활용

–전통문화와 첨단기술의 융합–

Designing and Utilizing Picture Books in the Digital Age: Integration of Traditional Culture and Advanced Technology

2024년 12월 2일 1판 1쇄 인쇄
2024년 12월 9일 1판 1쇄 발행

지은이 • 한유미 · 김민재 · 김윤희 · 김정연 · 민혜홍
심혜진 · 오숙자 · 조미경 · 최예숙 · 허선화

펴낸이 • 김진환

펴낸곳 • (주) 학지사
04031 서울특별시 마포구 양화로 15길 20 마인드월드빌딩

대표전화 • 02)330-5114 팩스 • 02)324-2345

등록번호 • 제313-2006-000265호

홈페이지 • http://www.hakjisa.co.kr

인스타그램 • https://www.instagram.com/hakjisabook

ISBN 978-89-997-3384-0 93370

정가 20,000원